Claudio Matterazzo

8 FILMSSSS

8 FILM DA LEGGERE

Youcanprint *Self – Publishing*

Titolo | 8 Filmssss
Autore | Claudio Matterazzo
ISBN | 978-88-91134-22-6

Youcanprint *Self-Publishing*
Via Roma, 73 - 73039 Tricase (LE) - Italy
www.youcanprint.it
info@youcanprint.it
Facebook: facebook.com/youcanprint.it
Twitter: twitter.com/youcanprintit

INDICE

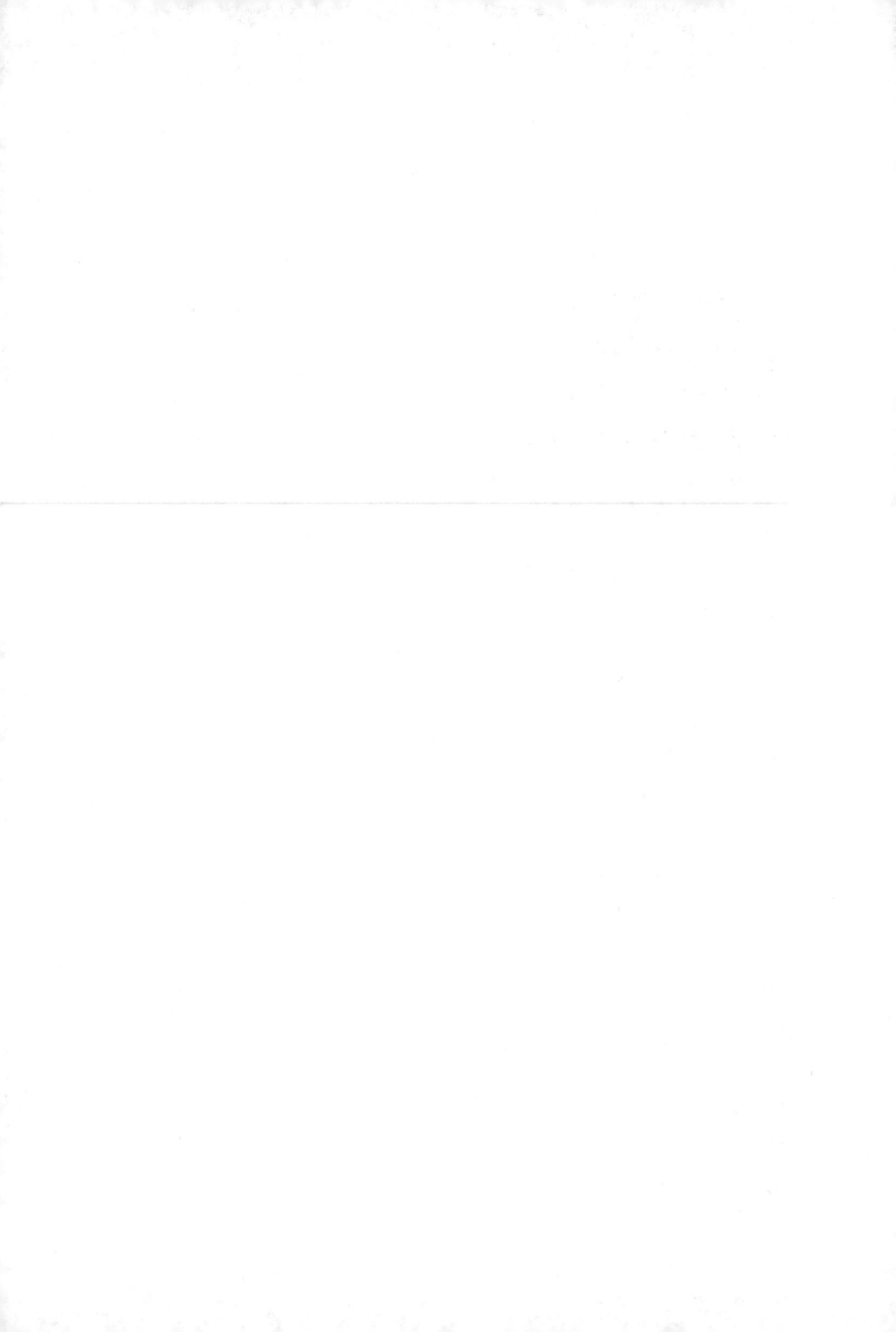

COMPETITION

Per me questo è uno dei film più belli che ho scritto, e che immagino al cinema.
Un film come questo, potrebbe essere visto da milioni di persone in tutto il mondo, un film con molta fantasia e molto bello da vedere.

Tutte le musiche dei miei film le ho suggerite nei miei film, perché a me piace tutta la musica, e in quel momento che scrivevo, ascoltavo, la canzone da me scelta, e mi sembrava la più adatta.
Se a qualcuno non piacesse qualche brano, musicale, si può pensare per qualche altra sostituzione.

Ringrazio tutti per la mia scelta musicale.

Competition 1 atto

musica di testa, Paul Gilbert, tribute to Jimi Hendrix, red house.
musica di coda, Paul Gilbert, tribute to Jimi Hendrix, midnight.

Scena.
Las Vegas.
Telecamere dall'alto, verso basso, con visione sulle più belle macchine del mondo.

2019 salone mondiale delle macchine più belle del mondo.
4 amici che guardano le macchine, più belle del mondo.

Musica, Joe Satriani, ice 9.

2019 1 marzo 4 amici universitari seduti in un bar, dopo aver visto questo salone con le più belle macchine del mondo decidono di partecipare alla competizione dell'anno, vogliono costruire la più bella macchina del mondo.

Tom: ci iscriviamo per la competizione a Las Vegas, del prossimo Agosto?
Gimmy: non è una brutta idea.
Jonny: chi sa fare queste macchine così belle.
Frenk: non costa niente provare, io sono un buon disegnatore, e ho lavorato da bambino, in officina da mio padre.
Frenk: e mio padre è un bravo meccanico.
Tom: pensateci, penso che sia una bella idea.
Jonny: non capisco nulla, ma se volete ci sto.
Gimmy: Jonny, non sei un mago dell'eletronica?
Tom: giusto, l'eletronica è la base della meccanica, moderna.
Tom: andiamo, io vi saluto devo trovarmi con la mia ragazza.
Ok, andiamo.

Musica Madonna, Isla Bonita.

Si iscrivono alla gara mondiale, che sarà a luglio del 2019.
I ragazzi, tutti sui 25 anni, studenti nella più facoltosa università degli Stati Uniti d'America ragazzi molto bravi nella meccanica, tecnologia e con i computer.

Dal computer,Jimmy iscrive tutti per la competizione.
Scena.
In un bar mentre giocano a biliardo e bevono un drink, Tom, uno dei ragazzi, si domanda: Come troviamo i soldi?
Gimmy, esperto di tecnologia di informatica, dice: Andiamo a fare una visita ai casinò a Las Vegas.
Sala biliardi, Tom: dove troviamo i soldi per la competizione?
Gimmy: andiamo al casino a Las Vegas, vediamo se ci viene un'idea.
Frenk: buona idea, andiamo.

Jonny: buona idea, io ho già un'idea, è da quando ero bambino
che la voglio sviluppare.
Gimmy: di che idea si tratta?
Jonny: faro un disegno e vi spiegherò.

Musica, radio del bar, Eminem rapper, not afraid.

Il giorno dopo sono tutti e 4 in una vecchia Cadillac.

In macchina, tutti cantano e ridono.
Gimmy: sono curioso, di che idea parlavi ieri?
Jonny: la mia idea, è mettere una piccolissima telecamera, con
un microchip dentro la monetina.
Frenk: tra poco saremo a Las Vegas, comportiamoci bene, non
ci facciamo notare.
Tom: in che albergo andiamo?
Gimmy: andiamo dove siamo stati l'altra volta?
Jonny: per me va bene.
Ok. Ok.
Musica, radio , Bob Marley, jamming.

I, 4 amici sono a Las Vegas.
In giornata, giocano 50 dollari.

Scena
Veduta Las Vegas, telecamera, visita grand'hotel, la piscina.
Veduta del casinò, con tutti che giocano, alle slot machine.

Tom: giochiamo, solo 50.100, dollari, non vale la pena perdere
un sacco di soldi.
Frenk: io provo questa machine.
Jonny : Gimmy, vieni con me, ho bisogno, che mi tieni il tempo
con l'orologio senza farci notare, devo fare delle prove.
Tom: sono fortunato, ho vinto 100 dollari.

Frenk: approfittiamo e li giochiamo tutti, dà un po' di dollari, a Jonny.

Musica, Madonna, Girl Gone Wild.

Jonny, esperto di numeri e tecnologia, pensa a come fare questa moneta spia.

Tornano a casa.

In macchina.
Frenk: Gimmy, hai capito come fare questa monetina?
Jonny: ci sto pensando, deve essere trasparente, e deve pesare come una vera moneta.

Scena.
Tutti gli amici arrivano, in macchina, in città.

Musica, Carlos Santana, Oye Como Va.

Dopo qualche settimana, fanno una moneta trasparente dello stesso spessore di quelle da gioco, ma con un microchip e una mini telecamera.
La monetina conta quanti giri mancano per la slot machine, per pagare il jackpot di un milione di dollari.

Scena.
Sono all'università e stanno lavorando a questa moneta, con
Un chip e con una mini telecamera incorporata.

Jonny: ho quasi realizzato la monetina, il problema è provarla, o andiamo a Las Vegas, o troviamo una slot machine per provare.
Frenk: andiamo in giro per la città dove ci sono sale da gioco.
Tom: andiamo domani, io ne conosco un paio di sale.

Gimmy: forse le slot machine sono diverse.
Tom: io ho un amico che le aggiusta, forse ci darà dei consigli.
Jonny: chiamalo a telefono, gli voglio parlare.
Tom, al telefono: Gonzale, aggiusti sempre slot machine?
Gonzale: è l'unico lavoro che so fare.
Tom: ci puoi aiutare?
Gonzale: se posso.
Jonny: Gonzale, ci puoi procurare una slot machine come quelle di Las Vegas?
Gonzale: ne ho una originale, ma vecchia, l'hanno presa a calci.
Jonny: ce la puoi dare per qualche giorno?
Gonzale: volete allenarvi per svuotare il casinò?
Tom: Gonzale, hai quasi azzeccato, ce la dai per una settimana?
Gonzale: ok, dove ve la porto?
Tom: all'università, quando ci sei chiama.

Musica, Led Zeppelin. Good times bad times.

Trovano una slot machine vecchia, fanno le prove e tutto
va bene.
Gimmy: Jonny, a che punto sei?
Jonny: è tutta la notte che provo, guarda come funziona.
Jonny: butti la monetina, controlli questo orologio, l'orologio
conta quante monete sono state giocate.
Tom: ho capito, butti la monetina, l'orologio conta quante
monete sono state giocate dal jackpot, se ne mancano una
ventina, possiamo giocare, finché ci dà il jackpot.
Jonny: spero che funzioni.

Musica, Led Zeppelin, Babe I'm gona leave you.

Decidono di andare a Las Vegas.

Scena

Con 2 macchine corrono per tutto il giorno, e alla notte.
Arrivano al Las Vegas.
In macchina cantano e ballano,ascoltando la musica di Madonna.
Tom: ragazze, siete mai state a Las Vegas?
Mery: da bambina, con i miei genitori.
Lussy: mai, è la prima volta.
Gimmy: ragazze, comportiamoci bene, tutti sanno quello che bisogna fare.
Frenk: solito hotel?
Gimmy: ok, solito hotel.
Mery: perché non affittiamo un appartamento? Non saremmo osservate.
Frenk: ah, Mery, sei furba. In hotel domandano i documenti, in appartamento no.
Lussy: ma dove si va per affittare un appartamento?
Mery: quando ero piccola mia mamma andava da una signora, forse affitta ancora.
Jonny: andiamo a vedere.

Trovano l'appartamento, a 2 isolati dal casinò più bello.
Si travestono, ragazze e ragazzi, e vanno al casinò.
Musica, radio, Deep Purple , child in time.

Arrivano al casinò, di Las Vegas.

Travestiti da vecchie e vecchi accompagnati dalle ragazze che sono in abiti eleganti, ma normali, al casinò, incominciano a giocare e a controllare tutte le slot machine, ce ne sono 5 o 6 che sono pronte per il jackpot.

Jonny: giochiamo a gruppetti di 2-3 persone, buttiamo dentro la slot machine 10 monete, e anche la moneta spia. Tu, Mery, stai

vicino a me, prendi questi auricolari, e questa spilla telecamera; quando io dico qui si vince 10, tu ripeti.
Frenk, con Gimmy, filmate tutto nel computer, voi state seduti in un giardino con una birra.

Il gruppetto di amici gira per mezzo casinò; dopo 2 ore, e con 400 dollari.
Escono e vanno in appartamento.

Musica Frank Sinatra, Under my skin.

Il giorno dopo decidono di andare una coppia alla volta.
Tom vestito da vecchio e la sua ragazza vanno a giocare, tornano in appartamento con un milione di dollari.
Gimmy vestito da vecchia e la sua ragazza Giusy vestita da vecchia vanno a giocare e tornano con un altro milione.
Il giorno dopo, Jonny travestito e la sua ragazza tornano con un altro milione.
A mezzanotte Frenk e la sua compagna, tutte due travestiti, tornano con un milione; il giorno dopo Tom e 2 delle ragazze giocano e portano in albergo un altro milione, totale 5 milioni di dollari.

Tom: questa sera andiamo io e Mery, così vestiti, penso che le telecamere non ci riconosceranno.
Gimmy: dopo andiamo io e la Lussy, quando torniamo andate voi 2 e giocate 100 dollari veri.
Frenk: e domani andiamo io, Giusy e Col, e partiamo immediatamente.

Musica, rumore, slot machine, Pink Floyd the great gig in the sky.

Più tardi: arrivano in appartamento Tom e Mery, tutto ok, abbiamo cambiato i soldi e ci hanno detto veramente fortunati.
Alle 2 di notte arrivano Gimmy e Lussy, tutto ok, per oggi andiamo a letto.

Il giorno dopo, alle ore 13 Frenk e Giusy vanno al casinò e giocano 50 dollari e controllano le slot machine che sono in lista, e decidono di vincere, il jackpot.
Frenk: giochiamo e andiamo via, c'è troppa gente, non vorrei che altri vincessero al posto nostro.
Decidono di giocare e andarsene via rapidamente, Lussy va a giocare vestita senza essere truccata.
Gimmy: dobbiamo far presto altrimenti dovremmo stare altri giorni, per fare altre prove.
Tom: Giusy, andiamo, io e te andiamo subito, non abbiamo molto tempo.
Giusy: vengo così, non mi conosce nessuno, mi metto questo foulard e mi nascondo il viso.

Alle ore 23, sono in viaggio di ritorno, che cantano, con 6 milioni di dollari.
La stessa sera Lasciano Las Vegas.

Scena
Tornano a casa, con le macchine, è notte.
Tom: abbiamo i soldi, adesso faremo la più bella auto del mondo.
Mery: evviva eviva, siamo ricchi, evviva!
Giusy: che bello, che bello!
Jonny: calmatevi, domani incomincia una nuova sfida, calme, ragazze, calme.
Frenk: adesso dormite, perché la notte è lunga, io guido meglio in silenzio.
Musica della radio.

Gimmy, al mattino: ascoltiamo le ultime notizie, abbiamo ancora molte ore.
Tom: guido un po' io.
Musica Serebro, Mama lover.
Passa una decina di giorni.

Scena
Comprano un'officina e tutto quello che serve per fare la macchina più bella del mondo.

Gimmy: adesso che abbiamo l'officina, il tavolo da design e i computer progettiamo la macchina, il motore e un nuovo combustibile che servirà per farci vincere.
Mery: possiamo partecipare anche noi, con qualche idea?
Jonny: tutte le idee sono ben accette, tu sei ricercatrice chimica, pensa a un combustibile, qualcosa di nuovo.
Frenk: Giusy, tu che sei veloce nella matematica, potresti occuparti di costi, di come far costare meno i materiali, i fossili da combustibile, tutto conta.

Qualche giorno dopo fanno il disegno, un disegno bellissimo.

Musica, Led Zeppelin, dazed and confused

Il primo Maggio 2019 incominciano la creazione della macchina.
Passa un mese, il lavoro trascorre regolarmente.

Primo giorno di vero lavoro sulla macchina.
Tom: un brindisi, alla macchina più bella del mondo.
Jonny: che incominciano i lavori.
Frenk: forse avremmo bisogno di un vero carrozziere, o più di uno.

Gimmy: io ne conosco 2 che sono veramente bravi, a 16 anni hanno fatto una Ferrari lunga 3 metri, perfetta, e con un motore ad olio fritto da ristorante, e correva veramente forte.

Musica, Led Zeppelin, how many more times

Scena
Al casinò,A Las Vegas, il boss controlla i filmati per capire chi ha vinto tutti quei soldi, e come hanno fatto.
Il boss è Gio Gressino a Las Vegas, Gio Gressino, un napoletano di 130 kg, il boss di Las Vegas, dopo aver capito del bidone ricevuto dai ragazzi, manda in giro le foto della ragazza riprese dalle telecamere, del casinò in tutte le città d'America.

Gio Gressino: chi ci ha fregato 6 milioni al jackpot, e nessuno ha visto nulla, come hanno fatto? Giuro se li prendo, li ammazzo.
Un addetto alle telecamere: quel giorno questa coppia ha vinto, e anche questa coppia, tutti vecchi, avranno avuto fortuna.
Gio Gressino: una, due coppie possono avere fortuna, ma non cinque coppie di solito, ci sono 10 jackpot al mese, 6 in 2 giorni , non mi piace.
Controllate bene, voglio qualcosa.

Dopo 15 giorni.
Un uomo di Gio Gressino: boss, guarda questi video, questa vecchia ha un vestito uguale a questa giovane ragazza, con questo vecchio, forse ho capito.
Gio Gressino: date a Vito le foto della ragazza, e mandate in tutte le Città, in cerca, non voglio del male.

Scena
Parecchie macchine con mafiosi cercano le ragazze con le foto.
Domandano nei bar, nelle sale da gioco, di diverse città.

Uomo vestito in vestito nero, in un bar: conosci questa ragazza?
Cameriere: mai vista.
Un cliente del bar:qui vengono molte persone e soprattutto giovani e belle ragazze.
Un altro cliente del bar:al sabato sera è pieno di belle ragazze,forse le trovi
L'uomo vestito in vestito nero:va bene nessuno conosce questa ragazza,verremo al sabato sera.
L'uomo in nero:cameriere una birra grazie.

Musica, Spandau Ballet, Through the barricades

In quei giorni,gli uomini,di Gio Gressino stavano controllando
Tutti i bar del quartiere.

FINE 1 TEMPO

2 TEMPO COMPETITION

Qualche settimana dopo, la ragazza viene trovata dai mafiosi di Gio Gressino.
Scena
I mafiosi trovano la ragazza e con delle amiche le caricano in furgone.
 Le ragazze vengono portate a Las Vegas, con un po' di paura e 2 schiaffetti, le ragazze dicono dove sono i 4 amici.

Le ragazze si trovano legate e imbavagliate dentro un furgone.
Mafioso: sapete perché vi abbiamo sequestrate?
La ragazza: no, Lasciatemi andare, non so. Cosa volete.
Mafioso: tu e i tuoi amici avete sbancato il casinò, dovete parlare con Gio Gressino, parlate o vi buttiamo dentro il latte per una settimana.

Un'altra ragazza: voi siete matti, noi non sappiamo nulla.
Mafioso: bla bla bla, abbiamo i filmati, vi conviene parlare.

Musica, Led Zeppelin, Black Dog.

In una stanza nel casinò, Gio Gressino: voglio sapere chi sono i vostri amici andate tutti fuori, Lasciatemi con le ragazze. Siete stati veramente geniali, voi non siete come i miei scagnozzi. Siete studenti?
Una delle ragazze: sì, siamo ricercatrici universitarie.
Gio Gressino: a me piacciono i geni, io sono un genio, nel mio piccolo, se mi dite come avete vinto tutti quei jackpot e chi sono i vostri amici, giuro su mia madre che non vi faccio nulla e vi lascio un milione.
Mery, una delle ragazze: giuri su tua madre, so che i mafiosi sono uomini d'onore.
Gio Gressino: sei italoamericana?
Mery: sì, mia madre da Napoli, mio padre da Messina.
Gio Gressino: lo avevo intuito che avevi sangue siciliano, tu mi piaci. Potresti essere mia nipote, fammi contento, non è più il tempo della mafia violenta, dell'altro secolo.
Giusy: tutta colpa mia, sono io che ho sbagliato, vi diremo come sono andate le cose.
Scena

Jonny, Frenk e gli altri vengono prelevati dai mafiosi e messi davanti a Gio Gressino.
A un tavolo ovale tutti i ragazzi e le ragazze sono seduti con Gio Gressino.

Gio Gressino: le ragazze mi hanno spiegato tutto, qui c'è il vostro computer, fatemi vedere cosa volete fare, e perché vi servivano tutti quei soldi.

Frenk: ci siamo iscritti al prossimo show mondiale delle macchine, e dobbiamo fare la macchina più bella del mondo.
Tom: questo è il prototipo, questo è quello che vogliamo fare.
Jimmy: abbiamo deciso che se vinciamo, tutti i soldi saranno utilizzati per la ricerca.
Gio Gressino: mi avete commosso, venite con me, vi faccio vedere una bella cosa.

Musica, Eminem, Not afraid.

Scena
Gio Gressino, amante delle macchine, mostra una ventina tra Ferrari, Lamborghini, Maserati, Porsche, Mclaren.
Gio Gressino con una big limousine, si fa portare assieme ai ragazzi in un salotto e dice: vi presento le mie bambine.

Si apre una tenda e si vedono una ventina di ferrari, lamborghini, ecc.
Gio Gressino, dopo aver visto la macchina in costruzione, decide di aiutare i ragazzi.

Gio Gressino: ho deciso che vi aiuterò, voglio che fate la macchina più bella del mondo.
Mery: se mi sposo, mi fai da padrino?
Gio Gressino: certo che ti faccio da padrino. Mi metto in contatto con la Chrysler, che se avete bisogno di qualcosa vi aiuta, e troverò i migliori carrozzieri d'America, e metterò 10 scagnozzi dove avete l'officina, così nessuno vi disturberà.

Musica: Paul Gilbert, Tribute to Jimi Hendrix, Midnight

Gio Gressino si mette in contatto con la Chrysler per avere tutto l'aiuto che serve. Trova i migliori carrozzieri d'America.

Il tempo è poco, fuori del garage mette 10 scagnozzi, con il compito di non disturbare il lavoro.

Scena
Nell'officina ci sono tutti che lavorano per la macchina.

Dopo 3 mesi, Gio Gressino va a New York a trovare i ragazzi in officina.
La macchina è quasi finita, la carrozzeria è finita, manca qualcosa sull'elettronica.

Gio Gressino: buon giorno a tutti come va?
Gio Gressino: ho portato i cannoli siciliani, Jimmy: ecco qua la macchina Americana più bella del mondo.
Gio Gressino: bellissima, fantastica, sembra una macchina italiana.
Giusy: porto del vino per brindare?
Dopo bevuto, cin cin, cin cin.
Gio Gressino: come andiamo con la macchina?
Tom: abbiamo quasi finito.
Mery: stiamo studiando un nuovo carburante, starà tutto qua dentro, e si può correre per mesi.
Gio Gressino: che materiale è?
Tutti: top secret.

Dopo qualche mese di lavoro la macchina viene finita in tempo.

Musica, Serebro, Mama lover.

Il giorno delle premiazioni, la macchina Americana, chiamata Giaksy.52, sfila per ultima.
Vince come la più bella macchina del mondo.

1 Agosto Las Vegas, salone motor show mondiale.

50 teem da tutto il mondo.
Giurie da tutto il mondo.

Un giudice: e adesso è il momento del teem francese, votate.
È il momento del teem russo, votate.
È il momento del teem italiano, votate.
Dopo ore.
 ora è il momento del teem Americano, Giaksy.52, votate.

Finale.
 la giuria ha votato per la più bella macchina del mondo,
dell'anno 2019.
Vince, Giaksy.52 America.

Musica Joe Satriani, not of this earth.

Il giorno dopo c'è il test della tecnologia.
Vince come modello unico e futuristico.

Finale, la giuria ha votato per la macchina più tecnologica,
Giaksy.52, America.

Musica Joe Satriani, the headless horseman.

Terzo giorno, alla prova di corsa vince come la macchina più
veloce del mondo.
Dopo una giornata di prove su pista, la votazione.

Finale.
La giuria: la macchina che ha vinto in velocita e stabilità è,
Giaksy.52.
Americaaaa.

Musica, Deep purple, hard lovin' man

Tutto il teem, compresi Gio Gressino e gli scagnozzi sopra il palco a festeggiare la vittoria.

Mery: abbiamo vinto.
Jimmy: siamo i più forti.
Gio Gressino, con le lacrime: viva Las Vegas.
Tom: grazie.
Giusy: grazie Dio. Grazie mamma.

Per mesi la macchina più bella del mondo la trovi in tutta l'America e nelle riviste fotografata, assieme a tutti anche con i scagnozzi di Gio Gressino.

Per le televisioni del mondo, ecco la macchina più bella del mondo 2019.
Per la strada, comprate il giornale, parla della macchina più bella del mondo, comprate.

Musica, Serebro, tik tok.

Finale, a Las Vegas in un ristorante italiano tutti a mangiare una montagna di spaghetti

Telecamera,inquadra,un ristorantino,molto carino e tipico italiano
Un bel tavolone,e in tavola ci sono seduti che mangiano,tutti a sieme,come in un matrimoinio,gli studenti,i mafiosi tutti vestiti in vestito nero,Gio Gressino,con un cappello alla cow boy,bianco,e con un vestito tutto bianco,comprese le scarpe.
Mery,si alza in piedi,e col calice con dello spumante dice:ringraziamo,Gio Gressino,per l'aiuto che ci ha dato.
Mery:Gio Gressino,quando mi sposo sei invitato al mio matrimonio.

Tutti alzano il calice e brindano,dicendo cin cin.
Gio Gressino,commosso:ci sarò,e ringrazzio voi,perché con la vostra,competizione mi avete fatto sentire giovane.

Musica, madonna, celebration.

Chrysler sponsor della macchina.

Bacio finale ragazzi e ragazze.

Striscione, con scritto: ciao America, sei grande.

FINE

CACCIA GROSSA DI MAMMUT

In un inverno molto freddo e umido, stavo guardando un film per la televisione
Vedendo la bufera di neve, piano piano, mentre vedevo il film nel mio cervello immaginavo il mio film.
Ho scritto qualche idea e ho pensato a un titolo da mettere per questo film.
Durante la notte pensando e al mattino mi son messo davanti al computer, e ho incominciato a scrivere.
Questo è il risultato di quello che ho scritto, e ascoltavo la musica della Pfm, spero che piaccia a molta gente e che un giorno possa diventare un bel film.
Claudio Matterazzo.

Musica di testa Jethro tull, bourée.

Musica di coda Led Zeppelin, moby dick.

Dal porto, parte una baleniera con 20 marinai.

Un mese di Ottobre,del 1935 da un porto canadese, parte una baleniera a caccia di balene.
Il capitano Nelson fa salutare i famigliari dai marinai dalla nave.
Da terra, le mogli salutano i mariti piangendo, qualche donna ha un piccolo con sé, chi in braccio, chi per mano.

Musica, Jethro Tull, Life is a long song.

La baleniera parte, piano piano sparisce, e dal porto non si vede che mare.
Passano i giorni, il mare è sempre grosso, forti onde, è il periodo delle burrasche.

Il capitano Nelson: fate attenzione, ci sono iceberg, potremmo andargli addosso.
Cala la notte, tutto tranquillo.
Cap Nelson: Edison, tu stai al timone, attento agli iceberg, non vogliamo morire.
In cabina.
Cap Nelson: giochiamo un po' a carte, prima di dormire. Chi gioca 10 dollari?
Ford: io gioco 10 dollari.
Tony: anch'io gioco.
Mors: anch'io, ecco 10 dollari.

Giocano 2 ore e non se ne accorgono.
Cap Nelson: è tardi andiamo a letto. Mors, vieni con me, facciamo un giro per la nave prima di andare a letto.
Mors: ok. Andiamo, domani sarà brutto, questo è il periodo.

Musica, vento e rumore delle onde e del mare, in tempesta con tuoni e lampi da lontano.
Musica, arkenstone, diane david, lady of the lake.

Al mattino, Edison chiama tutti con la sirena d'allarme.
5 minuti, tutti sono ai loro posti di lavoro, arriva il cap Nelson: cosa hai avvistato, Edison?
Edison: ho visto 5-6 balene, una era grandissima, due volte la nostra nave.
Cap Nelson: esagerato, due volte la nave, non può essere.
Improvvisamente, Edison: guarda, capitano, cosa pensi di quella balena?
Cap Nelson: è grandissima, solo con quella abbiamo da mangiare per un anno.
Cap Nelson, urlando: tutti ai propri posti, ci sono le balene!
Quando la balena è vicina, sparate gli arpioni!
La baleniera è a 10 metri dalla balena, quella più grande.

Spara, sparaa, sparaa, sparaaa!
Presa, è stata presa!
Cap Nelson: bravi, così si fa, adesso aspettiamo che si stanchi e
poi la uccidiamo.
La balena traina la baleniera, arriva un'onda alta 20 metri.
Qualcuno: si salvi chi puooò!
Tutti in mare.
La balena traina la baleniera negli abissi.

In mare si vedono solo 5-6 naufraghi che cercano di nuotare.
A 30 metri dai naufraghi c'è una crosta di ghiaccio.
Nuotando tutti assieme, riescono a salvarsi.
Uno dei superstiti: dobbiamo correre per scaldarci, altrimenti
moriremo dal freddo.
Giorgy: corriamo verso est, io ho un coltello e la bussola, voi che
avete.
Entony: io ho l'arpione e ho delle sigarette con fiammiferi, non
sono bagnati, perché li tengo con me in una scatoletta ermetica.
Merk: io ho 2 coltelli, 3 cipolle e del lardo, lavoro in cucina.
Frenk: io ho un coltello, 2 mele, questa corda fina ma resistente.
Mark: io ho 3 maglioni, 2 pantaloni, li ho messi questa mattina
perché avevo la febbre.
Giorgy: adesso come ti senti, adesso ho un po' di freddo niente
di più.
Corriamo, saltiamo, finché i vestiti non si asciugano.

Musica pink floyd, the dark side of the moon.

Giorgy: sono 2 ore che corriamo, fermiamoci un po', qui la neve
è spessa, facciamo un igloo, ci ripariamo per la notte
Giorgy: io ho vissuto da piccolo con le renne, mia madre era del
nord del canada, dove fa sempre freddo.
Giorgy: abbiamo poco tempo, poi è notte, di notte sarà 15 gradi
sotto zero, in gennaio ci sono anche 40 gradi sotto zero.

Giorgy: guardate me, col coltello tagliamo blocchi di neve e poi li uniamo come i mattoni di una casa, mettiamo un po' di neve sulle fessure, questa ci proteggerà per la notte.
Merk: va bene così?
Giorgy: così va bene, voi 2 fate blocchi, noi 3 facciamo l'igloo.

Dopo 2 ore sono dentro al riparo.
Giorgy: per salvarci la pelle dobbiamo dormire tutti attaccati.
Merk: mangiamo quello che ho, domani andiamo a caccia.
Dopo 1 ora, qualcuno dice: non si sta male qui dentro, ci siamo salvati la pelle grazie a Giorgy.
Entony: dormiamo, domani è un altro giorno.
Giorgy: Mark, come stai? Hai la febbre?
Mark: sto bene, adesso sto bene.
Frenk: notte a tutti.

Musica, Emma Shapplin, il quinto cielo.

Al mattino tutti si alzano e decidono di andare a pesca o a caccia.
Giorgy: è meglio se stiamo uniti, ci potrebbero essere degli orsi bianchi, uniti ci salviamo la pelle.
Entony: adesso che stiamo bene, è meglio se andiamo a vedere vicino la nave se c'è qualche superstite o se troviamo qualcosa di utile?
Merk: ha ragione, andiamo a vedere, anche della legna potrebbe essere utile.
Giorgy: sì, avete ragione, domani andremo a pescare.

Tutti assieme, in una bella giornata tiepida, 5 gradi sotto zero, camminano, dopo 40 minuti sono vicini al posto del naufragio.
Entony: guardate, là c'è un cassone.
Merk: la c'è qualcosa, andiamo a vedere.
Ci sono 3 morti, cosa facciamo?

Mark: leviamo i vestiti, a loro non servono più, a noi servono.
Dentro il baule ci sono delle corde, 2 pentole una boraccia, uno
zaino, un quadernetto e una matita, patate, cipolle, un macete,
ami da pescare col filo, 3 paia di scarponi per l'inverno.
Qui ci sono i resti della baleniera, abbiamo legna per mesi.
Entony: venite, ho trovato altre cose, coperte, una bottiglia di
whisky.
Merk: ce la beviamo adesso e poi torniamo nella base, quello
che non possiamo prendere adesso lo prendiamo domani.
Mark: alla salute del nostro capitano Nelson e di tutti i marinai
nostri amici che hanno perso la pelle.

Musica, sibilio del vento.
Musica, David Arkenstone, Magic forest.

Si avviano con quello che possono, trainato dal baule, dopo
un'ora sono arrivati.
È quasi scuro.

Dentro l'igloo.
Merk: adesso facciamo un fuocherello, mettiamo un po' di
patate, e un po' di cipolle, questa sera mangiamo qualcosa.
Dentro l'igloo, con un po' di fuoco si sta bene, tutti mangiano e
parlano.
Giorgy: abbiamo un quadernetto, da oggi scriviamo la nostra
avventura, forse un giorno ci salverà la pelle.
Giorgy: cosa scriviamo, la nostra avventura.
Tutti: ok.
Frenk: scriviamo che è stata colpa della balena più grande della
terra, se siamo qua.
Giorgy: quando siamo partiti, dal porto di Vancouver.
Merk: era il 25 Ottobre 1935, e siamo naufragati l'11 Novembre,
oggi è il 12 Novembre e siamo in 5 superstiti.

Entony: scrivi anche che ci sono tre nostri amici che sono arrivati a terra, ma sono morti dal freddo, e che domani andiamo a fargli un funerale come si deve.

Musica, Emma Shapplin, la notte eterna.

Al mattino del giorno dopo, vanno per prendere altre cose utili, vedono 2 orsi che stanno mangiando un marinaio morto.
Tutti assieme con gli arpioni, attaccano i due orsi, uno dei due orsi scappa, l'altro si alza in piedi.
Un orso alto più di 3 metri fa volar via l'arpione a Giorgy, in quel momento l'orso sta per prendere, con una zampata, la testa di Giorgy, quando un grosso cane lupo lo azzanna alla schiena.
In quel momento Entony tira l'arpione e prende l'orso nel petto. L'orso cade per terra e muore.
Tutti a festeggiare l'orso morto, e il cane che era la mascotte della baleniera.
Tutti contenti perché con un cane come quello sono anche più forti, Merk: Rasti, ti sei salvato anche tu, sono contento, sei forte, sei il migliore.
Mark: Rasti, sei il miglior cane del mondo.
Giorgy, a Rasti: mi hai salvato la vita, tu sarai sempre con noi.
Entony: abbiamo il tempo per seppellire i nostri compagni e portarci l'orso in igloo, e stasera mangiamo carne fresca.
Frenk: diciamo qualche preghiera.
Seppelliscono i compagni, dicono qualche preghiera e vanno, trainando l'orso con le corde, alla base.

Musica, Beethoven, Sinfonia n. 9.

Dopo un po', arrivati al campo base, tagliano dei pezzetti di carne.
Merk: la prepara con il resto delle patate e cipolle, e prepara qualcosa anche per il cane.

Mark: facciamo un igloo per mettere la carne, così resta al fresco e gli orsi non sentono, l'odore.
Mangiano tutti assieme dentro, l'igloo, anche il cane.
Fuori fa meno 22 gradi, è freddissimo, dentro l'igloo stanno benissimo, e il cane scalda le gambe di qualcuno.

Al mattino Giorgy: andiamo a vedere se c'è qualcosa di interessante.
Entony: andiamo, è sempre utile, più cose abbiamo e più ci servono.
Mark: ogni giorno è una sorpresa, portiamoci tutto quello che ci serve per difendersi.
Merk: ha ragione, non dobbiamo mai dimenticarci il coltello e l'arpione.
Frenk: siamo ben vestiti? Non dobbiamo prendere freddo, potremmo perdere le dita.
Giorgy: ha ragione, andiamo e vediamo se troviamo coperte, guanti, stracci, tutto quello che serve.
Partono, con loro c'è anche il cane.

Musica, Alessandro 2228 flauto traverso nel bosco.

Arrivano nel punto del naufragio, guardano di qua e di là.
Frenk: là in fondo vedo qualcosa, andiamo. Legna, con queste assi facciamo una slitta.
Mark: datemi una mano, qua giù si vede il mare. C'è qualcosa incastrato, porta una corda.
Frenk: vado io che so come muovermi in queste fessure.
Frenk va giù con l'aiuto di una corda, i suoi compagni tengono la corda.
Frenk: ho fatto, tiratemi su, poi tiriamo su questo cassone.
Tirano su Frenk, poi il cassone.
Lo aprono. Merk: patate e cipolle, mangiamo per 6 mesi.

Musica Wolf Wolves Song, Apurimac, Flying condor.

Prendono tutto quello che riescono e vanno verso l'igloo.
Il giorno dopo tutti hanno qualcosa da fare. C'è chi trova un posto per pescare, qualcuno prepara una slitta, tutti lavorano vicini e il cane fa la guardia, che non arrivi qualche orso.

Non molto lontano, 2 uomini, uno alto 2 metri grosso e forte come un orso, l'altro piccolo ma atletico. Stanno trainando un cassone, era un armadio della baleniera.
L'uomo più grande, con una fune traina il cassone, l'uomo più piccolo è dentro il cassone che dorme.
Dentro il cassone ci sono coperte, 3 machete, un sacco di patate, delle bottiglie di rum e delle corde.
Il gigante traina per ore il cassone.
Da lontano si sentono i lupi ululare.
Il gigante si chiama Ginger.
 Ginger: Tom, Tom, Tom, sveglia! Ci sono i lupi!
Tom di scatto si alza, e con 2 coltelli da cucina fa: venite avanti.
Ginger: non sono qui ma bisogna stare attenti, potrebbero venire.
Dopo 30 minuti di marcia, vedono una slitta con dei cani e con un uomo, circondati da una decina di lupi.

Musica, ululato di lupi e vento molto forte.

I due uomini, con in mano coltello e machete, arrivano, ammazzano due lupi e fanno scappare gli altri lupi.
A terra rimangono due cani da slitta sbranati dai lupi, e l'uomo, un esquimese, ferito gravemente alle mani, al collo e alla schiena.
Ginger, all'uomo ferito: come ti senti.
L'uomo: male dovrò morire, mi dispiace per i miei cani, due sono morti, questi sei sono forti.

Tom: abiti lontano da qui?

L'uomo: due ore da qui, se facciamo presto, questa notte dormiamo tutti a casa mia. Lasciate qui questa cassa, venite a prenderla domani. Tenetevi alla slitta, i cani ci porteranno a casa.

Musica durante il viaggio, Vivaldi il cardellino concerto per flauto e archi.

Dopo due ore sono in un campo con cinque o sei igloo.

Arrivati, le donne prendono subito in cura il ferito.

Altre due donne preparano da mangiare per Tom e Ginger.

Un po' a moti e un po' a parole si capiscono.

Una donna: da dove venite?

Ginger: noi due eravamo in una baleniera, quando un'onda ci ha buttati in mare, ci siamo salvati solo noi due, altre venti persone sono tutte morte, annegate.

Tom: la nostra fortuna è che siamo andati in acqua con questo cassone e siamo arrivati a riva, senza bagnarsi.

Ginger: noi abbiamo lavorato nel circo per molti anni, io ero l'uomo più forte del mondo, e addomesticavo gli animali.

Tom: io ero un giocoliere, saltavo anche tre metri, adesso siamo qui.

Una donna: questa notte dormite qui, se vi piace potete restare con noi per tutto il tempo che vorrete.

Ginger: grazie per l'ospitalità, è lontano il primo porto da qui?

Una donna: è impossibile, il primo porto è a mesi e mesi di slitta, e qui c'è un problema, c'è solo neve, ghiaccio, e adesso è inverno, è tanto freddo.

Tom: grazie per l'ospitalità, saremo utili, noi siamo abituati a lavorare.

Una donna: adesso mangiate, avete fame, dopo si dorme.

Mangiano, poi si buttano sotto delle pelli a dormire.

Musica, Frans Grol, a moment in heaven.

Una donna, dice a Tom: vengo con te così ci scaldiamo.
Tom: sì, sì.
L'altra donna va da Ginger e si mette sotto le pelli, vicino a lui.
Ginger: siete sposate?
La donna: no, siamo libere, qui ci sono più donne che uomini.
Ginger: quante persone ci sono nel villaggio?
Donna: siamo sette donne, quattro uomini e c'è anche mia madre.
Dormono tutta la notte.

Musica, rumore del vento e cani che ululano.
Musica, Enya Fairytale The Celts 1987.
Al mattino, Ginger e Tom si alzano e le 2 donne preparano da mangiare.
Dopo mangiato, le 2 donne presentano ai familiari Tom e Ginger e fanno vedere come si pesca, come vivono la giornata, in comunità.
Passano i giorni, i mesi, Tom e Ginger si sono amalgamati alla piccola società.
Musica, David Arkenstone, the dragon's breath.

Da un'altra parte del polo nord, i cinque superstiti cacciano, pescano e vivono la vita giorno per giorno.
Scena.
Si vede che tutti assieme pescano in un buco nel ghiaccio.
Dopo un inverno, arriva la primavera, decidono di cambiare, hanno la bussola, decidono di andare verso sud.

Musica Cheyenne, Dances of the wolf.

Si sono costruiti una slitta, partono.
Passano i mesi, arriva l'inverno, decidono di fermarsi.

Costruiscono due igloo, uno per dormire e uno per mettere la carne e il pesce al sicuro.
Arriva l'inverno, una mattina stanno cacciando una foca.
La foca è stata arpionata, la tirano fuori dall'acqua.
Improvvisamente sono circondati da 20 lupi, tutti pieni di fame.
Decidono di scappare. Giorgy: non scappiamo, ci potrebbero azzannare, affrontiamoli.
Frenk: ha ragione, se scappiamo ci aggrediscono e non hanno più paura di noi.
I lupi si avvicinano, hanno tanta fame.
In quel momento, il cane Rasti abbaia, i lupi si fermano.
Mark: taglio dei pezzi di foca e glieli buttiamo, così vanno via.
Merk: passami un pezzo.
Merk: prendi, butta un bel pezzo di carne ai lupi, i lupi vanno dov'è la carne.
Mark: prendi altri pezzi, qui c'è da mangiare per 100 persone, buttala.

Buttata la carne ai lupi, i lupi vanno via.
Da lontano si sentono solo i lupi ululare e il vento.

Musica, new trolls, concerto grosso.

Passano i mesi e i lupi convivono con i cinque uomini e il cane.
Ogni volta che gli uomini cacciano, c' è sempre da mangiare, anche per i lupi.
Un mattino 3 orsi bianchi sono sopra l'igloo, vogliono mangiare, hanno fame.
Frenk: prendiamo gli arpioni e, quando hanno rotto l'igloo, ci difendiamo.
Il cane Rasti incomincia a ululare.
Dopo 10 minuti arrivano tutti i lupi, incominciano a ululare
I lupi dopo un po' fanno scappare gli orsi.
I 5 uomini escono dall'igloo, il cane ulula per ringraziare i lupi.

Entoni: abbiamo degli amici, se non era per loro saremmo tutti morti.
Mark: 3 orsi così grandi ci avrebbero ammazzati.
Merk: il freddo fa fame, dovremmo pensare forse anche per loro.
Giorgy: siamo pieni di pesce, di carne di foca, non ci manca nulla, decidiamo di lasciare qualcosa anche per gli orsi, altrimenti potrebbero venire ancora.

Musica, Celtic Version, Wolf Song.

Passano gli anni, i cinque superstiti convivono bene con i lupi e con gli orsi.
In primavera, Giorgy: cambiamo aria, andiamo a vedere se usciamo da questo, inferno, fuori dal mondo.
Frenk: domani mattina si prepara tutto e si parte.
Il giorno dopo Giorgy tira fuori da una tasca la bussola.
Giorgy: la bussola è rotta, manca la lancetta.
Mark: cosa facciamo?
Merk: andiamo sempre dritti, seguiamo il sole.
Si mettono in marcia e camminano tutta l'estate.
Arriva un altro inverno.
Giorgy: ci accampiamo qui, mi sembra un posto giusto, vicini al mare.

Musica, David Arkenstone, The cello's song.
Scena.
Si vede che costruiscono altri igloo.
Passano 10 anni, tutti vivi con la barba bianca.

Nel villaggio, Tom e Ginger hanno famiglia, hanno due bambini, uno ciascuno.
Si sono amalgamati a quella realtà, Tom e Ginger non avevano famiglia, la loro famiglia era il circo.

Passano altri 10 anni. Giorgy, Frenk, Mark, Merk e Entoni sono ancora che girano per il polo nord; il cane Rasti è morto, ma hanno una decina di cani lupo, e lupi e 2 orsi che vivono con loro, molti lupi e orsi che in inverno danno da mangiare.
Una primavera, come tutte le primavere, partono per trovare la civiltà.
Dopo 10 giorni di cammino, trovano la traccia di una slitta, decidono di seguirla.
Al mattino tardo, vedono tra alberi e colline un villaggio.

Musica, Ravel, piano concerto in g.

Decidono di andare a vedere,e uno di loro resta con tutti gli animali.
Arrivati nel villaggio, vengono accolti dagli ululati dei cani da slitta.
Tutti escono per vedere che c'è.
Tutti si abbracciano, come avete fatto a salvarvi, tutti si raccontano la loro storia.
Giorgy: qui vicino c'è anche Frenk, abbiamo un sacco di cani e due orsi giovani.
Andiamo a prenderlo, e con i cani come facciamo?
Ginger: li leghiamo dentro questo recinto, diamo da mangiare così stanno buoni.
Con una slitta vanno a prendere il resto della compagnia.
Passano una bella giornata, a parlare delle avventure, al caldo delle capanne.
Qualche giorno dopo si salutano, i 5 amici vogliono andare via.
Tom: avete bisogno di 2 vere slitte, di coperte. Volete dei cani da slitta? Noi ne abbiamo molti, sono addestrati, noi abbiamo le renne.
I 5 amici accettano.

Ginger: quando sarete più vecchi, e stanchi di girare tutta l'Alaska, venite qua, siete benvenuti.
Tutti e cinque: grazie grazie.
Al mattino partono, Lasciano qualche cucciolo a loro, come ricordo.

Musica, Enya Listen to the rain.

Siamo a ottobre dello stesso anno, 1972. I cinque amici, con tutti i cani e due orsi stanno correndo con le slitte, in una vallata.
I cani incominciano ad abbaiare, Frenk si gira e da lontano vedono una nuvola di polvere e neve che viene verso di loro.
Si avvicina un branco di enormi elefanti.
Entoni: questi sono mammut, non dovevano essere estinti?
Mark: giriamo a destra, altrimenti ci ammazzano.
Tutti riescono a salvarsi, compresi gli animali.

Musica, battito delle zampe dei mammut sulla neve.

Un mese dopo, trovano una barriera di roccia e neve.
Decidono di andare a vedere, senza slitte, se c'è un passaggio.
Camminano finché sono di fronte a una barriera bi roccia.
Merk: qui c'è un passaggio.
Passano uno a uno dentro un tunnel di un metro di diametro, tutti e cinque con i cani. Arrivati dall'altra parte, c'è una terrazza molto larga, e da sopra 50 metri vedono una valle larghissima, con neve e erba, c'è un branco di mammut.
E tutto a destra, lontano 300 metri, una tribù di uomini della preistoria, che cacciano un mammut.
Una ventina di uomini con dei bastoni appuntiti, stanno ammazzando un mammut.

Musica, grida dei mammut, suono di corno della tribù.
Musica, Adiemus, Miriam Stockley Karl Jenkins.

Giorgy: è bene se andiamo via, se ci vedono mangiano anche noi.
Entoni, con un cucciolo in mano, al cucciolo: andiamo via, altrimenti mangiano anche te.
Tutti assieme ritornano indietro.
Si vede la carovana con i 5 uomini, molti cani e i 2 orsi bianchi allontanarsi fra la neve.

Musica, raffiche di vento e ululati dei cani e lupi.

Con le slitte, la numerosa famiglia dei ghiacci eterni corre senza fermarsi.
Musica Premiata Forneria Marconi, Impressioni di settembre.

Trovano una zona vicino alla costa e preparano il campo per l'inverno.
Piano scende la notte, tutti dentro l'igloo, buio nero.

FINE DEL FILM

RISTORANTE DA NANE

Un film come questo, penso che nessuno avrebbe avuto l'idea di scriverlo.

Ero a letto ed erano le cinque del mattino, per me è l'ora più bella perché penso e mi vengono le idee.

Dopo un'ora di visioni sotto le coperte, mi sono alzato e ho incominciato a scrivere.

Poi, col tempo, ho pensato alle canzoni adatte al film comico, e per finire ho messo anche l'attore comico che piace al pubblico.

Questo film l'ho pensato qualche anno fa e lo sto finendo in questi giorni, alla fine dell'anno 2013.

Attori consigliati per questo film: abata, Abatantuono, Lino, Lino toffolo, Cocchi e Renato, Pozzetto e il socio.

Silvio, Silvio Berlusconi, bersan, Bersani, beppe, Beppe Grillo, begnin, il mostro, Benigni,e i soliti idioti.

Ristorante da nane.

Musica di testa, Jannacci, l'importante è esagerare.

Musica di coda, Jannacci, rossi, i soliti accordi.

Musica, Jannacci, vengo anchi'o. No, tu no.

Siamo in un ristorantino, a Venezia nel campo s. Margherita.

La telecamera fa vedere il ristorante all'esterno, riprende un po' a destra e un po' a sinistra.

La telecamera entra nel ristorante e fa vedere la sala, dove i clienti mangiano, poi riprende i quadri che sono sui muri, bellissimi quadri.
Molti volti di gente, quei musi sembrano i musi dei clienti dopo il conto.

Silenzio totale.
La telecamera riprende la cucina, gira a destra e a sinistra.
La telecamera riprende i cuochi che stanno lavorando.
All'improvviso il capo cuoco guarda la telecamera e domanda: cosa vuole, chi è, cosa fa qui?
La telecamera inquadra un cuoco e dietro la telecamera una persona parla: sono dei nas, sono venuto a controllare.
Il capo cuoco: e chi sono i nas!
Prende per un orecchio chi è dietro la telecamera e gli dice: fuori, vada fuori dal mio ristorante! Qui comando io, e non si faccia più vedere, e vada a lavorare invece di venire qui a rompere le scatole.
Va bene, va bene, verrò un'altra volta con i miei colleghi e rinforzi.

Musica, Gaber, Jannacci, ho visto un re.

In cucina i cuochi incominciano a prendere in giro il capo cuoco e lo imitano.
Un cuoco, va dal lavapiatti, lo prende per un orecchio e gli dice: chi è lei, cosa vuole, vada via vada a lavorare.
Il lavapiatti: io non sono quell'imbecille là! Guarda che ti faccio: prende dell'insalata dal bidone della spazzatura e gliela mette in testa, un altro cuoco tira in testa a un altro cuoco le uova, l'altro gli butta in faccia una torta. Dopo 5 minuti la cucina è un porcile.
Entra in cucina il capo cuoco, ha quasi uno svenimento, poi cade per terra.

Entra un cameriere un po' cicciotello, tutto vestito di nero, scivola, fa un volo verso l'alto, cade sopra la torta e diventa tutto bianco.
L'orologio in cucina fa le ore 10,30.
Ore 12,00. La cucina è lavata pulita e tutti sono ai loro posti di lavoro.
Capo cuoco, abata: dovete essere più seri, questo è un ristorante, non è un porcile.

In quel momento entra in cucina il padrone del ristorante, Checco.

Checco dice: cosa succede, siamo pronti, arrivano i clienti.
Checco: questo mese abbiamo clienti particolari dello spettaccolo internazionale, e non voglio fare brutta figura.

Musica, gaber, lo shampoo.

Fuori dalla porta del ristorante, un cameriere col menu in mano parla con tutti i clienti.
Passano degli spagnoli, il cameriere si chiama Lino.
Cameriere Lino, col menù in mano: buongiorno situ spagnol, vutu comer?
2 coppie di spagnoli, como sa che soi spagnol?
Lino: porca la qucaracia, se vede, se vede, con 'sti bei musi.
Lino: vutu comer? Vien a comer.
Le 2 coppie sono incerte.
Lino prende le 2 coppie per un braccio e le spinge in ristorante.
Lino: ande a magnar, spende i schei.
Un altro cameriere, un po' grossetto, di nome pozzetto, prende le 2 coppie e le fa sedere a un tavolo.
In un tavolo vicino la vetrina c'è Charlie Chaplin, con la sua amata donna, tutti e 2 vestiti di nero, lei ha le violette in mano e non le molla mai.

Charlie Chaplin non parla, mima soltanto, mentre la sua fidanzata, con un mazzo di viole in mano, parla.
La ragazza di Chaplin: che bel ristorante, è la prima volta che mi porti in ristorante, di solito guardo i ristoranti dalle vetrine.
Si mangia bene qui? Posso mangiare tutto quello che voglio?
Chaplin muove la testa per dirle di sì, poi muove la testa e fa 1000 smorfie alla Chaplin.
La ragazza di Chaplin guarda il menù e ordina un uovo alla coque.

Fuori dal ristorante molta gente guarda dalle vetrine.
La gente: c'è Charlie Chaplin, è con la fioraia, sta mangiando.

Musica, Giorgio Gaber, io non mi sento italiano.

Il cameriere Lino, col menu in mano: invece di stare la a guardare, andate dentro a mangiare, andate dentro.
Lino: quanti siete, voi 2?
Uno dei due: noi siamo in 2, non si vede?
Lino: si sente, fate casino per 6.
Lino: voi andate dentro, oggi è l'occasione per vedere Chaplin e la sua bella, approfittate, e li spinge dentro
Lino: entrate, oggi c'è menu alla Charlie Chaplin.
6 turisti: possiamo mangiare alla Chaplin?
Lino: sì sì, entrate, prima che vi rubano i posti.
Lino canta: chi ha mangiato la marmellata, chi lo sa.
Canta solo qualche fiLastrocca.
Nel ristorante entrano centinaia di persone, anche se il ristorante tiene massimo 60 persone la telecamera entra in ristorante, e si vede gente seduta una sopra l'altra, anche per terra.
Tutti i clienti del ristorante mangiano e guardano Chaplin, e a ogni mimata che fa ridono a voce alta.

I camerieri, per portare i piatti, fanno i salti mortali, strisciano anche per terra.

Alla fine 20 persone sono in cucina che lavano i piatti e che lavano la cucina e i pavimenti, perché non hanno pagato il conto.

Abata, col solito suo carattere, urla a tutti i cuochi e lavapiatti.

Abata: citrullo, impara da questo cliente a lavare i piatti, vedi come si lavano. E tu guarda, testina da milanese, come il signore, lava per terra. A cosa mi serve il personale quando tutti i giorni i clienti mi lavano il ristorante?

Dopo 2 ore tutto il ristorante è bello e pulito.

Musica, Gaber, destra sinistra.

Scena.

La telecamera fa vedere i clienti pulire tutto, anche i quadri, e anche che stirano le tovaglie.

Checco parla con i clienti e gli fa vedere come si lavano i piatti, per terra, e anche come stirare le tovaglie con i clienti che non hanno i soldi per pagare il conto. Li prende un po' in giro, scherzosamente, e a qualcuno dà anche un bel calcio nel culo, e a qualche altro cliente, che lava i piatti, dà un bello schiaffone sulla coppa.

A un cliente dà uno schiaffone, il cliente si gira e Checco prende con lo schiaffo sulla coppa un lavapiatti.

Nel finale di questa serata, si vedono uscire dal ristorante tutti quei clienti che hanno pulito, dalla porta secondaria o di servizio.

E si vedono uscire dalla porta principale Chaplin e la sua bella, e in mezzo ai due Checco, che parla con i due.

Contenti come 2 fidanzati.

Lino: anche oggi abbiamo fatto il pieno.

Musica, gaber, barbera e champagne.

Per tutta la settimana, Chaplin è stato cliente del ristorante da nane.
Il ristorante da nane era sempre pieno, tutti i giorni, mezzogiorno e sera.

Scena,
Si vede Chaplin andare su e giù di fronte al ristorante, con il bastone, e muoversi come si muove lui.
Lino a Chaplin: perché cammini così? Sei stato in gondola, o dentro una botte di vino.
Chaplin mimando dice a Lino: non ti capisco, sono muto.
Lino, col menù in mano: se vedemo, se vedemo doman, ciao Charlie.
Mentre Lino è girato, Chaplin col bastone prende la gamba a Lino, e Lino rotola per terra.
Lino: el soito, inbriagon.

L'ultimo giorno, Checco esce dal ristorante a braccetto, in mezzo a Chaplin e fidanzata, e cammina come Charlie Chaplin, imitandolo.

Musica, Cocchi e Renato, ho visto un re.

In questa settimana nel ristorante da nane, ci sono seduti con le spalle al muro Totò, Aldo Fabrizi e De Filippo.
I 3 artisti, prima di entrare in ristorante, salutano Lino che col menu li accompagna ai posti.
Lino: prego, va bene qui? Qui tutti possono vedervi.
Fabrizi: qui l'importante è che arrivi 'na montagna de spaghetti.
Totò: una montagna de spaghetti, e fa l'occhiolino a Lino.

Totò con la solita camminata va al tavolo.

Arriva al tavolo dei 3 Renato e li saluta: buongiorno, signori.
Renato manda Cocchi al tavolo dei tre.
Cocchi col menù in mano legge il piatto del giorno.
Fabrizi mima una montagna di spaghetti e con la sua parlantina
dice: una montagna di spaghetti.
Totò gli va dietro anche lui, mima e dice: una montagna di
spaghetti.
De Filippo non dice nulla, mima una montagna,con le mani.
Cocchi chiama Renato: direttore, venga, questi signori mai visti
vogliono una montagna di spaghetti.
Renato: come mai visti, non li hai visti in televisione?
Cocchi: no.
Dopo 20 minuti, arriva una montagna di spaghetti, e Cocchi e
Renato la portano al tavolo di Totò e amici.
Preparano i piatti e Totò manda via Cocchi e Renato.
Totò: andate, andate, qui ci arrangiamo.
Incominciano a mangiare, ma questi spaghetti non finiscono
mai.
Fuori la gente vede Totò, Fabrizi e de Filippo, e vuole entrare.
Dopo 10 minuti il ristorante è pieno.

A un tavolo di fronte a Totò e Fabrizi c'è Checco che mangia
una montagna di spaghetti imitando i tre.

Totò ogni tanto alza il bicchiere di vino bianco e fa cin cin a
Checco, con un bel sorriso.
Checco fa la stessa cosa a Totò.

Musica, Giorgio Gaber, il corrotto.

Lino fuori dal ristorante, col menù in mano, cerca di calmare la
gente.

Lino: piano, piano, c'è posto per tutti.

Improvvisamente Lino cade per terra e tutti entrano calpestandolo.

Lino si alza e borbotta: che maniere, i me sembra tutti inbriaghi..

Il ristorante come tutti i giorni è pieno.

Più tardi escono dalla porta principale Checco, Totò Fabrizzi e de Filippo, tutti assieme.

Tutti e quattro dicono: che bella spaghettata, e si grattano la pancia.

Musica, Gaber, torpedo blu.

Stanlio e Ollio curiosano dentro il ristorante da nane, guardano i quadri e dicono: chi sono quei signori che sono nei quadri?

Mentre Stanlio e Ollio parlano e guardano i quadri, arriva Checco e gli dice: questi signori non hanno pagato il conto.

Onlio: gentile signore, qui si può mangiare?

Checco: certo, siete miei ospiti, potete mangiare tutto quello che volete.

Stanlio: ma non abbiamo soldi, laviamo i piatti?

Checco: potete fare quello che volete, anche mangiare. E si va a sedere di fronte ai due per imitarli.

Quando mangiano

Ollio a Lino: si può mangiare?

Lino dice a Ollio: caspitina, qui si può mangiare e anche bere.

Stanlio: anche bere?

Ollio: siamo in 2, dove ci sediamo?

Lino: Renato, daghe da magnar a sti do.

Renato: prego, sedete qui, in queste 2 belle sedie con vista sulla porta della cucina.

Stanlio: vicino la cucina? Ollio: sì, ha detto vicino la cucina.

Renato: Cocchi, da' da mangiare a questi 2.

Cocchi: buongiorno, 2 belle bistecche con le patate?
Ollio: vada per le 2 bistecche a testa.
Stanlio: ha detto 2 bistecche senza la testa.
Ollio: chi vuole la testa, io voglio 2 bistecche.
Stanlio: anch'io.
Cocchi: non ho capito niente, vi mando Renato.
Arriva Renato, chiamato da Cocchi: che c'è! Non trovate niente da mangiare?
Stanlio: è lui che vuole 2 bistecche con la testa.
Ollio: io voglio 2 bistecche a testa, grazie, buon uomo.
Stanlio: e quante patate a testa.
Ollio: stupido, voglio una montagna di patate.

Musica, Gaber, i borghesi.

Fuori dal ristorante, la gente parla: ci sono Stanlio e Ollio.
Dopo 30 minuti ristorante pieno, tutti a guardare Stanlio e Ollio.
Cocchi e Renato servono i tavoli e la gente che mangia in piedi, senza domandare cosa hanno ordinato.
Fine del pranzo. Mezza gente, come al solito, a pulire il ristorante.
Lino fuori della porta: come si fa ad andare in ristorante senza schei? Tutti qua i vien.
Ollio va in cucina a complimentarsi con abata: abbiamo mangiato bene, grazie del pranzo.
Stanlio: oh sì, grazie, veniamo anche domani.
Abata: adesso lavate i piatti, con voi nessuno paga, vengono solo per vedervi, lavate i piatti.
Stanlio: perché nessuno paga?
Ollio: perché c'è la crisi, stupidino, lava i piatti, io li asciugo.
Abata: andate a lavare i piatti, e speriamo che domani sia meglio, altrimenti lavate i gabinetti.

Lino: ostrega, questa ea se bea, uno lava e uno asciuga. Ciao
Onlio, ciao Stanlio.
Stanlio: ciao, buon uomo.
Ollio: ciao, buon uomo, a domani.
Lino: uno lava e uno asciuga , i vien anche doman, e qua non
fasemo i bessi.
Stanlio: cosa sono i bessi?
Lino mostra le dita delle mani e mima dicendo: i schei, el gran,
gave capio?

Musica, cochi e Renato, la gallina.

Dal ristorante escono Cocchi e Renato assieme a Stanlio e Ollio,
salutano Lino, cantano tutti e quattro la gallina e se ne vanno in
giro per Venezia.

Passa la settimana.

Da lontano con una bandana arriva Silvio, assieme a 10 ragazze,
tutte in minigonna e ventenni.
Entra nel ristorante, si siede e suona il pianoforte.
Le ragazze attorno al piano incominciano a ballare.

Musica, Gaber, la ballata del Cerutti.
fine primo tempo.

Musica Cocchi e Renato, canzone intelligente.

Silvio suona e canta con Cocchi e Renato la canzone la gallina,
poi ne canta una sua in napoletano con Checco.
 le ragazze ad ascoltare le canzoni e a ballare.
Improvvisamente Silvio suona la canzone, la mutanda style, el
tanga style, del coreano Gangnam e le ragazze in minigonna
incominciano a ballare tutte scatenate, si vedono mutandine
delle ragazze di tutti i colori.
Dopo 2 minuti con la canzone la mutanda style 2 ragazzi sui 20
anni, uno con un bongo e l'altro con una tastiera, si mettono a
suonare con Silvio.
Improvvisamente Silvio si mette a ballare con Checco, imitando
il coreano.
Tutti escono dal ristorante cantando e ballando la mutanda
style, altri giovani si mettono a ballare. In pochi minuti 200
persone ballano in piazza con le ragazze, e Silvio canta la
mutanda style.

Musica,Mutanda style:

Nasi che profumo, e tasi.
Ve presento ea giogia, che vien da chiocia,
E a fa gioghin anche con ea piogia
Giuro vado anca mi co ea giogia.
 nasa, sana err, sana err.
Mi go naso e a usa el sanaer.
Ti vol saver ea usa el sanaer, sanaer
Mi go naso sel sanaer,
Ea usa el sanaer el sanaer,
Ea usa el sanaer, sanaer, sanaer.

Coro: giuro sanaer.

Coro: sara veroooo, sara siropoooo, giuro nnoooo, eeeh e varda nnooooo
Coro: sara veroooo, sara siropoooo, giuro nnoooo, eeeh e varda nnooooo
Co ea giogia vado a bever un theee.

Giuro ea usa el sanaer.
Sara siropoooooo, no ea usa el sanaer.

Coro: noo noo, perché noo, perché noo, mi me sento un reee.

A mutanda style tanga style, op op op op op op op a mutanda style, tanga style,
Op op op op tanga style.

Coro: eeei sessi ledy op op op op eeei sessi ledy op op op op eei sessi ledy.

Dopo qualche strofa della mutanda style, si sente la canzone originale, cantata e ballata dal coreano:
Gangnam style e col comico imitatore italiano e con una decina di ballerine

La telecamera inquadra il coreano e il suo sosia italiano che cantano e che ballano con un sacco di belle ragazze
Poi Silvio e Checco vanno a ballare col coreano, e con l'imitatore, e tutti ballano nel campo s. Margherita.

Passano 10 minuti. Finita la canzone, tutti in piazza bevono spritz all'Aperol, ballando al ritmo dei bonghi.
Dopo un'ora di balli canti e spritz, tutti se ne vanno.

Nessuno paga, abate va via di testa e urla, con un urlo che si sente fino alla prossima isola:

Chi paagggaaaaaaaa.

Silvio entra in ristorante e si siede, accerchiato dalle 10 ragazze, e dice con un sorriso alla Berlusconi: pago io, non si preoccupi, buon uomo, pago io. E tira fuori 10000 euro e paga.

Silvio: adesso vogliamo mangiare.

Lino, a Silvio: chi see queste bee fie?

Silvio: sono tutte mie figlie.

Lino: per bacco, quanta roba bona.

Silvio, dopo mangiato, si alza e con un bel sorriso saluta tutti e dice: buono questo risotto al nero di seppia. A domani.

Silvio esce con le ragazze, lui a braccetto in mezzo e se ne va per le calli di Venezia.

Musica, Cocchi e Renato, l'uselin de la comare.

Il giorno dopo si presentano Silvio e un politico avversario, Bersan, in ristorante.

Lino, col menù in mano: prego, prego.

Si siedono subito al pianoforte. Bersan: siediti tu al piano, io non so cantare e non so suonare.

Silvio chiama Cocchi e Renato e cantano l'uselin de la comare, e poi cantano a me mi piace il mare di Cocchi e Renato.

Fuori in piazzetta è pieno di gente che vuole partecipare, e tutti chiamano: Silvio, Silvio, Silvio...

Ci sono anche i due comici, i soliti idioti, passano e guardano dentro il ristorante, e sulla vetrina fanno le linguacce a Bersan.

Bersan: ma cosa vogliono quei 2 là? No voran mica che gli do 2 euro per ciascuno?

Silvio: dagli 10 euro a testa.

Bersan va fuori dai 2 idioti e gli dice: prendete, ho solo questi spiccioli.

Tutti i giorni i soliti idioti passano, guardano e dalla vetrina fanno le linguacce a Bersan.

Per tutta la settimana, i soliti idioti passano, guardano dentro il ristorante, e tutti i giorni hanno una maschera diversa del loro repertorio e fanno sempre le boccacce a Bersan.

Musica, Jannacci, vengo anch'io. No, tu no.

Saputo dell'evento, Beppe Grillo fa un comizio davanti alla piazza dove ci sono Silvio e Bersan.

Beppe, sopra il palco, parla: tutti i politici li manderemo a casa, e tutti i soldi che hanno preso dallo stato saranno restituiti, con quei soldi pagheremo tutti i debiti, risaneremo l'Italia, e tutti a casa.

Tutti i vecchi che hanno 60 anni dalla prossima settimana saranno in pensione tranne la Fornero, e Monti, loro lavoreranno fino alla morte, lo hanno voluto loro, perché hanno castigato tutti i lavoratori.

Tutti i giovani d'Italia lo stesso giorno andranno a prendere quei posti che sono liberi.

Così abbiamo risolto 2 problemi, quello del lavoro, per i giovani, e quello dello spreco del denaro pubblico.

Musica, Jannacci, Mario.

Il campo s. Margherita si riempie, ci saranno 500mila persone che applaudono Beppe Grillo.

Dal ristorante vuoto, per l'evento, Silvio a Bersan: andiamo via, altrimenti ti linciano, caro Bersan.

Bersan: non sto mica a pettinar le bambole, con queste mani da operaio specializzato prendo tutti a schiaffi, eh.

Silvio: io non pettino nessuno e ti Lascio da solo, ciao.

Passano i 2 idioti e fanno le boccacce a Bersan.

Bersan: venite qua che vi do una pettinata, altro che 10 euro.
Checco a Silvio: resta che ti ho fatto fare dal cuoco tagliolini al nero di seppia.
Silvio: mi fai mangiare riso in nero, spaghetti in nero, è morto qualcuno o mi prendi per un fascista.
Checco: allora cambiamo, ti faccio tortellini in bianco.
Bersan scappa perche ha paura che lo vedano,assieme a Berlusconi.
A un tavolo si siedono Silvio e Checco.
Mentre abata, vestito da cuoco, prende Bersan per un braccio, che sta scappando, e gli dice:
Siediti qui con noi, non succede nulla.
In un tavolo fuori orario i quattro, Silvio, Checco, abata, vestito da cuoco, e Bersan si fanno una bella mangiata di pesce.

Musica, Jannacci, ladro di ombrelli.

Questa settimana in ristorante.
C'è la famiglia Fantozzi, composta da Fantozzi moglie figlia, e la bella impiegata, sig. Silvani, e l'amico e collega di Fantozzi, ragioniere Enzo.
A un altro tavolo c'è un cartello con scritto: riservato famiglia Fantocci.
Quel tavolo sarà vuoto per tutta la settimana.
Scena.
Fantozzi, famiglia e amici, prima di entrare nel ristorante da Nane. Fantozzi dice al cameriere Lino, che è fuori dalla porta: buongiorno, buon uomo, è qui che si mangia?
Lino: entrate e domandate a Cocchi o a Renato se potete mangiare.
I signori Fantozzi entrano e Fantozzi va sopra una macchia di olio, fa un volo verso l'alto, e cade come una frittata.
Sua moglie e sua figlia: ti sei rotto qualcosa?
Fantozzi: che male, fa proprio male.

Cocchi e Renato: sedetevi, sedetevi.

La famiglia Fantozzi si siede.

Fantozzi, al cameriere: ma chi è quel Fantocci, là?

Renato: non lo sappiamo, sappiamo che è ragioniere e che viene con la famiglia.

Fantozzi: cosa si mangia?

Renato: vi do il menù.

In quel momento, dalla vetrina, fuori, i soliti idioti guardano la figlia di Fantozzi, seriamente, come curiosi per 10 minuti.

Fantozzi, alla figlia: ma cosa fai agli uomini, sono innamorati di te.

La figlia di Fantozzi: sarà perché ho messo tanto rossetto.

Infatti la figlia di Fantozzi ha messo un sacco di rossetto.

La moglie di Fantozzi: scostumata, vuoi essere una di quelle?

Fantozzi, seduto sulla sua sedia, guarda i quadri e si ferma su un quadro dove c'è una scimmia col viso molto simile a sua figlia, e domanda: cosa fai in quel quadro? Guardando sua figlia.

La signorina Silvani scoppia in una risata, poco dopo ridono tutti tranne Fantozzi e moglie.

Il ragioniere Enzo con la forchetta vuole prendere un'oliva, l'oliva vola in un occhio di Fantozzi.

Fantozzi fa un urlo che lo sentono fino a san marco.

La figlia di Fantozzi guarda il quadro dove c'è la scimmia, poi dice: quella là non sono io, no, no, no.

(muovendo il dito indice)

Cocchi prende la comanda per tutti: allora fettuccine per tutti, e guardando la figlia di Fantozzi domanda: 2 banane?

Fantozzi guardando la figlia: vuoi 2 banane?

La moglie di Fantozzi: caro, è tua figlia, anche lei mangia 2 fettuccine.

Passano 10 minuti e arrivano fettuccine per tutti.

E tutti mangiano.

Musica, Jannacci, parlare con i limoni.

La videocamera inquadra le bocche di tutti che mangiano le fettuccine per qualche minuto.

In quel momento passa da una vetrina all'altra Begnin, detto il mostro, cammina in piedi, e piano piano si accorcia, sembrando più piccolo.

Passando sorride alla figlia di Fantozzi.

Fantozzi alla figlia: ma cosa fai agli uomini, tutti ti vogliono.

La figlia di Fantozzi: sono bella?

Poi la figlia di Fantozzi fa delle smorfie e dei sorrisetti, e con una mano si pettina i capelli.

In un tavolo di fronte alla famiglia Fantozzi, Checco è seduto che mangia e fa i stessi gesti della figlia di Fantozzi.

Fantozzi si gira per guardare Checco, e Checco gira la testa per guardare i quadri.

Checco imita Fantozzi, e la moglie di Fantozzi lo dice a Fantozzi.

Fantozzi si gira di scatto, verso Checco, e Checco gira la testa verso i quadri.

Questa scena durerà dieci minuti.

Dopo dieci minuti, Fantozzi tira in testa a Checco la buccia di banana e gli dice: ti ho visto.

Verso le ore 22 entra nel ristorante una famiglia di nanetti.

Il cameriere esterno Lino presenta la famiglia Fantocci: signori, ecco la famiglia Fantocci, prego, prego.

La famiglia Fantocci è composta dal ragioniere Fantocci, la moglie e la figlia, e anche lei bruttina, con l'amica del cuore di Fantocci, bocca, bocciolo di rosa, e con l'amico anche lui ragioniere.

Si siedono al tavolo riservato di fronte alla famiglia Fantozzi.

Tutti mangiano, arrivano dei piatti con delle olive.

Si vedono ossi e olive volare da un tavolo all'altro.

Renato sta per portare un uovo di struzzo crudo a Fantozzi, per vedere quanto grande è.

arriva Renato con un vassoio e sopra un bicchiere con l'uovo da vedere, per Fantozzi.

Renato il cameriere,scivola sopra un'oliva, vola verso l'alto, l'uovo vola alto, sta per cadere in testa a Fantozzi; Renato, col vassoio e col bicchiere, lo prende a pochi centimetri dalla testa di Fantozzi.

In quel momento, la figlia di Fantozzi dice: bravo bravo, e alza, le braccia verso l'alto, prendendo il vassoio.

L'uovo vola e va in testa a Fantocci.

Fantocci, con l'uovo che gli cola dalla testa, dice a Fantozzi: lo avete fatto apposta.

Fantozzi ride come un matto.

Dopo 10 minuti che il ragionier,Fantozzi,ride,e con lui tutta la tavola,Fantocci tutto sporco di giallo dalla testa ai piedi,guarda Fantozzi,e col dito indice indica,Fantozzi,poi.

Fantocci, si alza e, va da Fantozzi, e gli tira, una pedata, in un polpaccio.

Fantozzi,con le mani si tiene il polpaccio,e urla dal dolore.

La moglie di Fantozzi,va dalla moglie di Fantocci,e gli da due sberle.

La moglie di Fantocci,si mette a piangere,come una bambina.

La figlia di Fantocci,morde un braccio alla figlia di Fantozzi,la figlia di Fantozzi,tira un pugno in faccia alla figlia di Fantocci e la siede,in una sedia a 5 metri di distanza.

Dopo, qualche minuto sono tutti che si azzuffano, famiglia Fantozzi contro famiglia Fantocci.

In un tavolo vicino, Checco imita un po' tutti,in piedi tira pugni come dovesse tirarli al sacco del pugile.

Checco,si soffia al gancio destro,e tira un pugno,in quel momento,passa Renato,Checco lo prende sul naso.
Mentre Renato si mette le mani sul naso,e piange dal dolore,
fuori del ristorante,i due soliti idioti,ridono come matti.
Mentre tutti si azzuffano Lino canticchia: chi mi ha rubato la cioccolata, chi lo sa.
Lino canticchiando,se ne va fuori dal ristorante,e dice ai soliti idioti,non serve andare al cine ma per ridere,basta venire qui.

Musica, Toffolo, Johnny bassotto.
Passa l'Estate.

Dopo qualche mese, tutti gli artisti del film sono a pranzo che mangiano.
C'è un grande tavolo rotondo e tutti assieme mangiano.

Il finale, tutti si tirano le torte in faccia.

Musica, Lauzi, la tartaruga.

FINE DEL FILM

2012 ACCADDE A POMPEI

Vedendo un concerto dei Pink Floyd, per la televisione, e gli scavi della famosa Pompei, ho visto una visione del vulcano e poi delle grotte.
Ho chiuso gli occhi e ho incominciato a pensare.
Qualche ora dopo avevo in testa quello che ho scritto.
Spero che quello che ho scritto piaccia a molta gente.

primo tempo accadde a Pompei

Musica inizio, pink floyd, the dark side of the moon
Musica di coda, pink floyd, the dark side of the moon
Musica, echoes, live at Pompeii.

Siamo a Pompei sito archeologico sotto il vulcano Vesuvio
A Napoli.
Anno, 2012.
Studiosi di tutto il mondo sono a Pompei per degli studi
Sono una quarantina di persone tutte esperte della storia.

Scena
All'università di Napoli partecipano 40 studiosi.

Il presidente del sito di Pompei: signori e signore, siamo qui per questa riunione annua e per sentire il parere di tutti, dopo il disastro che c'è stato a Pompei circa 6 mesi fa.
Il presidente del sito di Pompei: io passerei la parola all'onorevole Berruti, ministro dei beni culturali.
Berruti: il problema è che con la crisi mondiale non arrivano soldi. E senza soldi non si può mettere in sicurezza Pompei, e incidenti come quello che è successo 6 mesi fa possono essere all'ordine del giorno, dovremo chiudere ai turisti mezza zona;

quando la comunità europea ci darà dei fondi, allora cambieranno le cose.

Sfumato il dibattito.

Musica, Pink Floyd, Echoes, Live at Pompeii, seconda parte, disco.

6 mesi prima durante degli scavi a Pompei.
3 operai, durante il lavoro di restauro in un sito archeologico
Vennero succhiati dalla terra, camminarono in una grotta sotto
Terra per scoprire dove finisse, ma 2 di loro si persero.

Musica, Claudio Simonetti, Phenomena.

Alessandro: Aldo, sta per cedere il terreno, andiamo via.
Aldo: un momento.
Alessandro: Piero, ti dai una mossa, ho un brutto presentimento, andiamo via da qua, vieni, andiamo via, andiamo viaaaa!
Piero: aiuto scivolo, Alessandro, dammi una mano.
Aldo: Antonio, attento stai per essere risucchiato.
Alessandro: Giorgio, Giorgio, Giorgio, aiutaci, siamo in merda.
Giorgio: arrivo, sto per arrivare.

Aiuto, aiuto, aiuto, aiuto, cado.

Giorgio: dove siete, cos'è successo, dove sieteee, Alessandroo, Pieroo, Pieroo,
Aldooo, dove siete.
Giorgio: aiuto, aiuto, aiuto, ho bisogno di aiuto.

Giorgio: siete caduti nel bucooo, Pieroo, Pierooo, Aldooooo, madonna, che faccio? Sono caduti in questa voragine.

Giorgio al cellulare, al dottore: qui c'è un grosso problema, in 3 sono caduti in una voragine, guardo dentro ma non si vede nulla, è troppo Scuro.
Il dottore: calmati, adesso chiamo subito la croce rossa e l'assistenza.

Arrivano i soccorsi, polizia, carabinieri, autoambulanza e i giornalisti.

Tutti borbottano tra di loro.

Ne parlarono i giornali di tutto il mondo.
In poche ore la notizia va per internet e gira il mondo.
Arrivano giornalisti da tutto il mondo.
giornalisti da tutto il mondo per l'evento, sono negli hotel di Napoli, pronti per ogni evento.
Si fanno vedere giornalisti dalla b.b.c. con la giornalista Elisabet.
Dall'Italia c'è la Rai, Mediaset con i loro giornalisti, Antonio, Alfredo.
Dall'Inghilterra giornalisti Gordon, dalla Francia Sofy, dalla Germania Claus, dal Giappone Tosiba e dalla Cina Miao Cao.
C'è un meeting mondiale con tutti i più esperti del settore, viene deciso cosa fare per scoprire cos'è successo.

Musica, Pink Floyd, Another brick in the wall.
Alessia, dalla Rai: buon pomeriggio a tutti, abbiamo appena saputo di un incidente qui a Pompei, 3 operai sono stati inghiottiti dalla terra, per ora non sappiamo nulla, vi faccio vedere il punto dove c'è stato l'incidente, sappiamo, per adesso, che si sono salvati degli operai, e quando ne trovo uno, mi faccio raccontare in diretta che cosa è successo.

Smitt, dalla b.b.c. in inglese: vi parlo da Pompei, è successo un disastro, adesso non so nulla, quando avrò notizie vi chiamerò.

Sucotò dal Giappone, in Giapponese: Pompei Pompei, grossi problemi, tanti morti, feriti. A domani.

Ore e ore di notizie dai giornalisti di tutte le televisioni del mondo.

Tutti seduti ad un tavolo decidono un piano di lavoro.
Decisione: mandano 5 esperti con tutte le attrezzature dentro la Caverna. Durante quel periodo 6 esperti decidono di accamparsi dentro il sito di Pompei.

Musica, battisti, i giardini di marzo.

Dottor clemente: voglio una squadra di speleologi con esperienza, non voglio far brutta figura, dobbiamo trovarli prima possibile. Professore Alzetta, prenda lei l'incarico e mi faccia sapere tutti i giorni la situazione.
Professore Alzetta: ho una decina di persone qualificate, da domani saranno qui giorno e notte.
Dottor clemente: va bene, va bene, professore Alzetta.

La stessa sera.

Professore Alzetta, al cellulare, parlo con Schillaci?
Schillaci: sì, sono io, mi dica.
Professore Alzetta, abbiamo bisogno della vostra squadra, a Pompei, domani mattina ci vediamo nel sito di Pompei, ciao.

Al mattino, incontro tra Alzetta, e la squadra, di soccorso.

Professore Alzetta: buon giorno a tutti, c'è bisogno di voi, sarà un Lavoro difficile e pericoloso, chi non vuole venire lo dica adesso.

Veniamo tutti, non ci sono problemi, da adesso ci organizziamo
per il Recupero degli operai.
Scena, in un campo vicino

Preparano delle tende, si organizzano per stare giorno e notte
finché non scoprono la verità.
Gli esperti sono uomini e donne di nazionalità differenti.

Musica, premiata forneria marconi, dracula opera rock, il
confine dell'amore.

Incomincia l'avventura.
I 5 esperti con tutte le attrezzature entrano nella caverna.
Oggi 23 marzo 2013, incominciano i lavori di ricerca.
Camminano tutti assieme per non perdersi, comunicando con
Il computer con i loro compagni in superficie.

Musica, Claudio Simonetti, Suspiria.

Un esploratore: abbiamo tutti il computer, ci regoleremo con
questo così là sotto non ci perderemo, andiamo.

Sotto terra, tutti parlano: che umido e che scuro, stiamo uniti, è
facile scivolare.
Una ragazza: guardate, l'oscillatore ci dà un'altra direzione,
controllate bene i computer.
Un ragazzo: andiamo di qua, segnate bene la strada di ritorno
nel computer, se sbagliamo, ci perdiamo.

Passano 2 giorni, tutto risulta normale.
Vanno sempre più in profondità, incominciano a vedere
scheletri umani per terra come fossero per scappare.

Musica, New Trolls, Concerto grosso.

Un ragazzo: dove siamo, in un cimitero?
Una ragazza: siamo sotto Pompei, potrebbero essere stati prigionieri del vulcano, chissà che cosa è successo.
Una ragazza: incomincia a farmi schifo, tutte queste ossa.
Un ragazzo: ci devi fare l'abitudine.
Capo gruppo: fermiamoci qua, per oggi abbiamo fatto molto.
Un ragazzo: mangiamo e poi dormiamo.

Durante la notte.

FINE 1 TEMPO.

2 TEMPO POMPEI

Durante la notte nelle grotte si vedono delle scene di tanta gente che scappa mentre dentro la grotta tutti dormono.

Sono i fantasmi della notte di Pompei.

Musica, Simonetti Claudio, opera.

In superficie a Pompei uno speleologo vede quello che accadde sotto terra ai suoi compagni, dal computer.
Le stesse scene si vedono tutte le notti per 30 minuti e tutte le notti tutti dormono, senza sapere cosa succede sotto terra.

Musica, Claudio Simonetti, opera.

Un ragazzo addetto al computer, in superficie, dentro la tenda, controlla il computer: che succede? Hei, guardate qua, che sono quelle persone, dove vanno?
Svegliamo qualcuno di loro?
Un altro ragazzo: sei matto? Non vedi che sono allucinazioni?
Quella gente non esiste, sono fantasmi, è gente che non ha attraversato il tunnel e vaga per l'eternità.
È meglio non svegliarli, potrebbero prendere paura.

In superficie decidono di non dire nulla del fenomeno per non creare panico.

Una mattina dopo 10 giorni, sotto terra, trovano una stanza chiusa a forma di grotta, la strada finisce lì.
La grotta è avvolta dalla nebbia.

Musica, Claudio Simonetti, profondo rosso.

Davanti a questa grotta a forma di stanza, piena di nebbia, cercano una porta di fronte a loro per uscire.
Spaccano un pezzo di pietra dal muro, con i mezzi che hanno
Non ce la fanno a fare un buco per passare, e dall'altra parte si sente il mare.
Non è possibile arrivare dall'altra parte, dove c'è il mare.
Pensano che la missione sia finita, decidono di uscire.
Il ritorno all'uscita è molto complicato.
Sotto terra, ai loro piedi, si è formata una nebbia umida e fa un caldo pazzesco.
I cinque speleologi sono disorientati, non capiscono come uscire, hanno perso tutti i contatti con l'esterno.
Passano i giorni, due di loro muoiono dal caldo.

Musica, fruscio del mare, e ogni tanto dei sospiri e dei lamenti da lontano. Si sente un re sempre più forte. Lungo trenta secondi.

Sotto terra.
Una ragazza: fa caldo, ho tanto caldo, ho paura di morire.
Una ragazza: adesso siamo quasi arrivati, senti il mare, ci sarà un buco e usciremo.
Un ragazzo: andiamo di là, si sente il mare.
Una ragazza: là vedo della nebbia. Sì, là, guarda, c'è una grotta! Là c'è l'uscita, siamo salvi, andiamo, andiamo!
Un ragazzo: si sente il mare, ma non c'è un passaggio, come facciamo?
Un ragazzo: io ho una piccozza, facciamo un buco.
Un ragazzo: dammi la piccozza, che provo a rompere la roccia.
La roccia è troppo dura.
Una ragazza: batti, batti, non avere paura, batti forte.

Dopo un'ora che battono la roccia con la piccozza, si stacca un pezzo di roccia grosso come un pallone da calcio.

Questa roccia bisogna portarla in superficie, deve essere analizzata.

Poche ore dopo, il capo gruppo: qui non si va fuori, i computer non ci danno il segnale esterno, torniamo in superficie.

Dopo due giorni, due ragazze muoiono dal caldo.

In superficie non sanno come aiutarli.
Si decide per un meeting e mandano altri esperti alla ricerca.

Musica, Toni Esposito, Kalimba de luna.

I giornalisti vogliono sapere cosa è successo.
Ci sono ogni 30 minuti notizie dai giornalisti.

La Rai: ultime notizie, il gruppo di speleologi ha fallito. Gli operai sono morti, e anche due ragazze non ce l'hanno fatta.

B.b.c., in inglese: ci sono dei morti, sotto è impossibile, fa troppo caldo, vi terremo informati.

Dopo molti giorni, vengono trovati in un inferno di calore due superstiti, e con sé hanno un pezzo di roccia della grotta.
Quando escono, fanno vedere il pezzo di roccia da analizzare.
A contatto con la luce, la roccia crea una nebbia che viene sempre più grande, c'è una visione gigantesca.

Musica, dentro le grotte sotto terra, Pink Floyd, The dark side of the moon.

Sotto terra,I nuovi speleologi: eccoli, sono ancora vivi.
Come vi sentite, avete acqua?
Avete fame?

Venite con noi, siamo venuti, a soccorrervi.
Uno dei superstiti: grazie grazie, prendete questa roccia, deve essere analizzata.

Il gruppo di speleologi, uscito da sotto terra, dopo qualche giorno:

Guardate, questa roccia, è lava, avrà milioni di anni, deve essere analizzata.

Improvvisamente, tutto si copre di nebbia,dal Vesuvio, tutti vedono la lava scendere, fino a coprire la terra, arriva fino al mare, sembra realtà, è solo una visione.
Si vedono persone scappare, la lava incomincia a entrare a Pompei, praticamente si vede quello che è avvenuto circa 2000 anni fa.

Aiutoooo, aiutooo, aiutooo.

Musica, si sentono grida, lamenti. Pink Floyd, remember that night.
Per fortuna è solo una visione.

Cameraman fanno vedere in tutto il mondo quello che hanno visto.

 Musica di coda, Pink Floyd, the dark side of the moon.

FINE DEL FILM

UN'AMERICANA A VENEZIA.

Anni fa lavoravo in un appartamento, a Venezia. Ho dovuto lavorare per qualche ora in una soffitta piena di vecchie cose.
È a questa soffitta che mi sono ispirato per scrivere questo racconto.

Un'americana a Venezia.

Musica di testa, Rondò Veneziano, allegro Veneziano.

Musica di coda, Rondò Veneziano, zodiaco, la serenissima.

1 tempo
Una ragazza americana ventenne decide di vivere a Venezia.

Scena
Arriva all'aeroporto, Marco Polo,prende un taxi, e si fa portare in centro a Venezia in una piccola pensione.
È una bella giornata di Settembre.
A Venezia c'è la regata storica.
Veduta, aeroporto e viaggio in taxi d'acqua, veduta della laguna di Venezia.
Veduta dal canal grande, un pezzo della regata storica.

Americana, Lussy: che profumo di mare, sono a Venezia, voglio divertirmi, adesso prendo un taxi e vado in una pensione.
Lussy: taxi, quanto costa per il centro di Venezia?
Tassista: sei americana? Ti faccio un prezzo speciale, 60 euro.
Lussy: va bene.
Durante il viaggio, il tassista: quanti giorni ti fermi a Venezia?
Lussy: sono venuta per restarci un po', io amo Venezia, Firenze, Roma, Napoli.

Tassista: ti piace la cultura italiana, e la cucina?
Lussy: sì sì, mi piace tutto del vostro paese, anche i ragazzi, con questi begli occhi.
Conosci una pensione dove spendo 50 euro al giorno?
Tassista: sì ti porto, in una pensioncina pulita dove spendi 40 Euro al giorno.
Lussy: grazie, grazie, mi dai il tuo numero di telefono? Se ho bisogno ti chiamo.
Tassista: certo, prendi il mio biglietto da visita.
Lussy: grazie.
Tassista: oggi c'è la regata storica, è un bel evento. Quando arriviamo nel canal grande, la vedremo un po'.

Arrivati in canal grande, c'è la regata, tutti che urlano: più forte, corri.
Tassista: è una festa unica, ogni anno in questi giorni c'è la regata. Le gondole sono le stesse di quando c'èrano i dogi, erano tutte colorate, e dopo la peste le hanno fatte tutte nere.
Lussy: bellissimo, molto bello.

Arrivati in pensione, il tassista: sei arrivata.
Lussy: mi piace, bel posto. Grazie, sei molto gentile.
Tassista: dove hai imparato l'italiano?
Lussi: ho studiato in America, e un mio amico di origine italiana Mi ha aiutato. Ciao, grazie.
Tassista: ciao, grazie a te.

Musica, Celentano, azzurro.

A Venezia, dopo qualche giorno, affitta un vecchio appartamento all'ultimo piano di un palazzo Veneziano un po' vecchio.
Decide di vivere come vive una donna Veneziana.

Musica,Barry White, just the way you are.
Lussy cammina per Venezia e vede scritto affitto mansarda.
Lussy telefona al numero 52444362. Lussy: buongiorno, affitta un appartamento?
La signora: sì, se vuole vederlo, ci vediamo a san marco alle ore 10.
Lussy: va bene, a domani mattina, sotto l'orologio.

Nella mansarda, la signora: questo è l'appartamento, 400 euro al mese.
Lussy: mi piace, va bene.
Signora: questo è il bagno, la cucina la camera da letto, e questa bella vista.

Primo mese visita tutta Venezia, le isole, fa la turista.
Prende i vaporetti comunali, visita Murano e la lavorazione del vetro.

Musica Pitura freska, bea fia.

Va a Burano, Torcello, e visita le isole.

Musica pitura fresca, pin floi.

Lussy: voglio conoscere le isole, oggi vado a Murano a vedere i vetri.
Prende il vaporetto, ci sono un sacco di turisti, scende alla fermata, entra in una fabbrica e vede la lavorazione del vetro.

In fabbrica ascolta e guarda, più tardi parla con il maestro.
Lussy: bravo, bravo, posso soffiare anch'io?
Il maestro: vuoi provare? Soffia piano, non è un palloncino.
Lussy: sì, mi faccia provare, va bene così?
Maestro: brava, hai fatto un palloncino.

Lussy: da quanti anni si lavora il vetro?
Maestro: circa 2000 anni, è stato scoperto per caso dai Fenici.
Lussy: sto a Venezia molti mesi, prima di andare in America, vengo a comprare un bel vaso per i fiori. Ciao, grazie.
Maestro: va bene, ciao.

Lussy visita Murano e anche le chiese, mangia in una trattoria e torna a Venezia.
Per la strada di Murano parla da sola, guardando le vetrine: che bel pezzo, che bei.
Lussy entra in chiesa: che bei quadri.
Prega un po' e fuori dalla chiesa trova una trattoria e mangia qualcosa.

Seduta in trattoria.
Cameriere: che mangia?
Lussy: un piatto di frittura mista e un po' di vino bianco.
Lussy mangia e torna a Venezia.

Dopo qualche giorno va a Burano, prende il vaporetto e fa una bella gita nella laguna.
Arriva a Burano, gira per la città tutto il giorno e parla da sola dicendo:
Che bello.

Vista della laguna con vaporetto.

Secondo mese si fa qualche amica, conosce una ragazza Veneziana.
Guardando una vetrina, alla commessa: avete delle scarpe comode per camminare per Venezia?
La commessa: vieni dentro, ti faccio vedere delle scarpe comode.
Lussy: sì, grazie.

Commessa: prova queste.

Lussy: belle ma voglio vederne delle altre.

Commessa: guarda anche queste, che ne pensi?

Lussy: queste mi piacciono.

Commessa, in ginocchio davanti a Lussy: che bei piedi che hai, posso massaggiarli? Hai anche due belle gambe, che belle gambe. Ti piace questo massaggio?

Lussy: sì, mi piace, sei brava, mi ecciti.

Commessa, dopo 10 minuti di massaggi: vieni di là , in ripostiglio, c'è anche il bagno.

Lussy non capiva più niente, era eccitata, si alzò e andò con la commessa nel ripostiglio.

La commessa chiuse la porta del negozio, mise il cartello torno subito.

Incominciarono a baciarsi, a leccarsi come due troitte.

Da quel giorno Lussy aveva una nuova amica, e qualche sera andavano a bere qualche aperitivo.

La commessa: questa sera ti porto a mangiare i cicchetti Veneziani.

In una osteria bevono e mangiano pesce fritto e vino.

In osteria, commessa Lori: ci porti del prosecco?

Oste: va bene, anche un po' di calamari fritti?

Lori: sì, sì, porta.

Lussy: che buoni questi calamari. Con la forchetta prende il cerchio di calamaro e con la lingua lo lecca e dice sembra un buchetto di culetto.

Lori, dopo mangiato: con quella lingua mi lecchi il mio?

Finito di mangiare, pagano e vanno in piazza s. Marco ad ascoltare la musica.

Dopo mezzanotte, vanno a casa di Lori e fanno una lesbicata.

Musica, Mina, l'importante è finire.

Passano i giorni.
Fa amicizia con una ragazza francese, esce per andare a bere
Qualche aperitivo con le amiche.
A teatro conosce una coppia francese, lei una bella mora, lui un
bel mulatto.
Parlano.
Arian: che belle scene, e che bravi questi musicisti!
Lussy: bravi, bravi, in America vado spesso a teatro.
Arian: anche noi a Parigi andiamo spesso a teatro, al mio
compagno piacciono le ballerine del can can, dice che hanno un
bel culo e vorrebbe farsele tutte.
Lussy: il tuo compagno è un porcone, ce l'ha sempre duro?
Arian: anch'io sono una porca, e tu non sei una porcellina?
Lussy: a me piace tanto il sesso, mi piacerebbe fare un'orgia.
Tom, compagno, di Arian: vieni con noi nel nostro hotel, ti
bacio quel bel buchetto del culetto.
Lussy: così mi ecciti, sono tutta bagnata, andiamo.

In hotel
Un bel bicchiere di champagne, una bella doccia e poi ci
divertiamo.
Cin cin, cin cin. Alla nostra orgia,
Tom: mi lavo prima io, chi viene sotto la doccia con me?
Arian: vai tu, Lussy, così fai un po' di confidenza.
Sotto la doccia: che cazzone bello.
Tom: prendilo in mano.
Lussy: eccitante, ho i brividi, quante cose si fanno a Venezia.

Finisce in un'orgia a 3 spettacolare.

Musica, Jane Birkin, je t'aime moi non plus.

Delle sere va in giro per Venezia e vive la vita come una donna veneziana, conosce anche la cucina Veneziana, i cicchetti, le ombre, tipiche bicchierate di vino rosso o bianco alla Veneziana
Una sera..
Lori, al telefono: ci vediamo stasera alle 20, andiamo un po' in giro e mangiamo un po' in qualche posticino?
Lussy: va bene, vengo a prenderti alle 20.
Scena,
Escono dalla porta dove abita Lori.
Lori: dove vuoi che ti porto questa sera?
Lussy: dove vuoi tu, tu conosci i posti.
Lori: andiamo in un localino dove si mangiano i cichetti e c'è anche qualcuno che suona.
Lussy: andiamo.
Girano un po' per Venezia e si fermano in un locale.
Lussy: quante belle cose, c'è anche chi suona.
Sedute al tavolo: tutto buono, a Venezia si mangia benissimo, se non ti avessi conosciuta avrei mangiato come una turista.
Lori: se non ti avessi conosciuta non avremmo fatto sesso.

Musica, Barry White, You sexy thing.

Va spesso a Santa Margherita, ritrovo di studenti di tutto il mondo.
Scena
Una serata in campo s. Margherita a bere con tutti gli studenti.
Lussy, tutta sola, parla con dei Veneziani: che c'è una festa?
Uno dei Veneziani: vieni con noi e ti facciamo la festa.
Lussy: questa sera non ho voglia, un'altra sera, posso venire con voi.
Siete qua tutte le sere?
Tutte le sere.
Lussy: io mi chiamo Lussy, e voi?
Io sono Mario.

Io Pietro, che ti vengo nel di dietro.
Io Lucio.
Lucio: scusa ma siamo un po' brilli.
Lussy: ho visto.
Lucio: sei Americana?magname ea banana.
Lucio: comportiamoci bene, ubriaconi.
Lucio : scusaci, ma qui si beve.
Mario: e se ciava.
Dopo un'ora, tutti e 4 ubriachi a camminare per tutta la notte
per le calli.

Musica, ciacere Veneziane degli studenti, musica, pitura freska,
Pin floi.

 Dopo due tre mesi conosce bene Venezia e come vivono i
giovani.

Una sera conosce uno studente di colore, vanno a mangiare in
un posto
Tipico Veneziano.
Un cameriere di colore, fuori dal ristorante, che chiama i clienti:
Bella bionda, vieni a mangiare qui? Ti faccio un buon prezzo.
Lussy: un'altra sera, questa sera ho già mangiato a casa.
Cameriere: domani sera se passi di qua alle ore 20 ti porto a
mangiare.
In un ristorante da mio amico Salvatore.
Lussy: va bene sarò qua alle 20. Come ti chiami?
Cameriere: Hamed, sono anche studente di architettura.

Musica,Mina, caramella.

La sera dopo va con questo amico di colore di nome Hamed. Va
al paradiso perduto, un ristorantino con la musica, passano una
bella serata.

A mezzanotte lei va a casa di lui e fanno l'amore tutta la notte.

Entrano nel ristorantino e più tardi si vede che escono.
A casa di lui: bevi un caffè?
Sì, grazie.
Più tardi Hamed: ci facciamo la doccia?
Lussy: sì, sì.
In doccia, Hamed: che bel culo rosa. E glielo appoggia nel culo.
Lussy: che bello che è sentirlo così.
E passano tutta la notte a letto.

Musica, mina, adesso.

Un'altra sera esce con un'amica spagnola, vanno a bere in piazza ,S. Marco un caffè. Dopo qualche ora sono a casa di lei, che giocano a toccarsi e godono una bella nottata.

Consuelo: che bello che è camminare per Venezia in Primavera.
Lussy: è veramente bello questo silenzio senza macchine.
Andiamo sul ponte di Rialto.
Andiamo di qua.
A mezzanotte, Lussy: vieni a casa mia?
Consuelo: beviamo qualcosa e facciamo una lesbicata?
Lussy: va bene, era quello che volevo.
Si vedono le 2 ragazze che entrano dentro la porta di casa di Lussy.

Musica, Diana Ross, upside down.

Passa il tempo, questa ragazza vive Venezia come la più bella avventura della sua vita.

Tutte le sere avventure sessuali anche con più di una persona, uomini e donne.

Musica, barry white, never, never gonna give you up.

Lussy, a una sua amica, per la strada: sto vivendo un momento della mia vita veramente bene.

Un giorno guarda per il buco della serratura della porta della soffitta, e vede che c'è luce, vede anche dei libri, decide di aprire Quella porta.

Musica, Claudio Simonetti, opera.

FINE PRIMO TEMPO

2 TEMPO UN'AMERICANA A VENEZIA.

Il giorno dopo compera un passepartout, apre la porta della soffitta.

Musica, Claudio Simonetti, profondo rosso.

La tipica soffitta piena di cose, libri.

Un giorno guarda una parte della soffitta, vede delle cose che la Incuriosiscono, perde qualche giorno per vedere queste cose che le vengono sotto mano.

Scena
L'Americana, in soffitta che guarda con intersesse:
Quante cose che ha una soffitta , vediamo se c'è qualcosa di curioso.

Un giorno trova un libro che le sembra interessante.
Le avventure di Casanova.
Che cos'è? Di che parla questo libro qua?
Lo prendo e me lo leggo.
Legge: tutte le amanti del Casanova Veneziano e tutte le avventure.
Legge: leggi questo libro e sognerai con il tuo Casanova.

Musica, Claudio Simonetti, profondo rosso.

Decide di leggere questo libro, lo prende con sé,
Chiude la soffitta va nella sua stanzetta si siede,sul suo letto e incomincia a leggerlo.

Scena
Lei a letto, sopra le coperte che legge il libro del Casanova.

Musica,Ravel Boleo.

Dopo qualche ora di lettura di questo libro, si vede in un palazzo Veneziano, che balla con un bel vestito Veneziano, tutto bordeaux Veneziano,del settecento.

Il ballo è in maschera, tante belle persone, tutte mascherate. Balla con uno, poi balla con un altro, beve del vino, e balla ancora tutta la notte.

Una sera sta leggendo il libro,di Casanova,e improvvisamente, si trova nelle calli veneziane a mano con un cavaliere,tutti due vestiti ,con vestiti d'epoca,con una nebbia che si trova nel mese di Novembre,tutti gli anni.
I due si fermano e si baciano
Il bacio dura alcuni minuti
Scena la coppia che si bacia,dopo aver passeggiato,mano,con mano,nella notte con la nebbia,sopra un ponticello tra le calli Vicino,S. Marco.

Musica, Rondò Veneziano. Rondò Veneziano.

Passa qualche giorno.
Una sera in poltrona legge un po' di questo libro, viene avvolta da una nebbia; col cervello si trova in gondola con un bel cavaliere, anche lui mascherato, lei con un abito blu e con dei bei gioielli, lui vestito come un nobile Veneziano.

Lussy: chi sei, mio bel cavaliere?
Il cavaliere: sono il Casanova. Sei bellissima, mi piaci, hai anche un buon profumo.
Lussy: baciami, sono tua, amami, fammi felice.
Il Casanova la bacia e restano a baciarsi per delle ore.

Musica, Rondò Veneziano, casanova.

Tutta la notte in gondola a baciarsi con il casanova, nel canal grande, vedendo tutti i palazzi Veneziani, a destra e a sinistra.

Musica, Jane Birkin, je t'aime moi non plus.

Scena
Tutti i palazzi, pieni di gente in maschera d'epoca, in festa, a ballare, bere e qualcuno a fare l'amore.
In una bella notte d'estate.

Musica, Rondò Veneziano, s. Marco 1981.

Per settimane, tutte le notti erano notti bellissime con tante feste assieme, a Casanova.
Si vedono delle scene di loro 2 che corrono per le calli solitarie, di notte, e a ogni ponte si baciano.

Altra scena
Lei col Casanova, che corre per i ponti e le calli di Venezia.
E a mezzanotte vanno in un palazzo del Casanova.
Entrano nel palazzo, telecamera che visita qualche stanza.
Entrano nella camera da letto, piano piano con una dolce musica si spogliano e fanno la più bella scena d' amore.

Musica a letto, mina, l'importante è finire,

Finale.
Tanta gente in piazza san marco tutti vestiti in maschera d'epoca a ballare con un calice veneziano,del 1600 fatto nelle fornaci dell'isola di Murano di vino prosecco tipico del veneto,e con l'orchestra il Rondò Veneziano,che suonano.

Musica, Rondò Veneziano, odissea.
Mentre tutti ballano,nella piazza S. Marco,al ritmo della musica

All'alba una mongolfiera porta via la ragazza Americana tutta sola,con la musica dei Rondò veneziano.

Finisce la favola,

Musica di coda, Rondò Veneziano, la Serenissima

FINE

PIRATI

Scrivere una storiella dei pirati è bellissimo, perché si possono fare molte cose con la fantasia. Si possono inventare personaggi di varie forme e dimensioni.
In questo film ho pensato a personaggi orientali, così che il pubblico si possa divertire nei vari combattimenti.
Io penso che un buon regista possa fare veramente un bel film, per tutti.

 pirati.

Musica di testa, Tony Esposito, Kalimba de luna.

Musica di coda, Tchaikovsky, lo schiaccianoci danza della fata, concerto.

Nell'oceano, sulle onde mosse dalla tempesta, naviga un veliero con bandiera dei pirati.
Il veliero sta navigando da settimane, a coperta ci sono pochi pirati, perché il mare è molto brutto, fuori piove fortissimo, onde alte anche 4 metri, onde che entrano dentro il veliero.

Musica, vento e onde che sbattono sulla nave.

Uno dei pirati canta parole sconnesse, fuma una pipa fatta a mano ma funzionante.
Il pirata tiene il timone.
È tutto solo.
Dentro una botte c'è un pirata, si protegge come può dalle onde e dalla pioggia.
Sotto coperta, tutti i pirati stanno tirando un pisolino, qualche topolino corre per cercare qualcosa da mangiare.

Passa la notte.
Al mattino c'è il sole, tutti i pirati puliscono la nave.

Musica, Tchaikovsky, lo schiaccianoci, valzer dei fiori.

Passano i giorni, passano le notti.
Un giorno il veliero si avvicina a delle isole.
Un pirata: terra, terra!
Qualche minuto più tardi si sente il botto di una cannonata.
Un pirata: arrivano delle cannonate da un altro veliero.
Tutti a mare, tutti a mare!
Il veliero si spezza a metà e sprofonda.
Molti pirati nuotano per 100 metri e arrivano all'isola più vicina.
Arrivati nella spiaggia.

Un pirata, Gordon: andiamo subito dentro la giungla, altrimenti
ci vedono e ci ammazzano.
Altri pirati: ok. Ok.

Musica, suoni della giungla urla, delle scimmie, e uccelli.

Dentro la giungla, vicino alla spiaggia.
Gordon: quanti siamo, che armi abbiamo salvato?
I pirati incominciano a contare.
Un pirata: siamo in 63 pirati, abbiamo circa 100 coltelli,
sciabole. Le armi da fuoco penso che non funzionano, la polvere
da sparo è tutta bagnata.
Gordon: qualcuno ha visto il prigioniero?
Pirati: sarà morto.
Gordon: ok, andiamo per questo sentiero, ricordate che noi
siamo pirati.
Tutto quello che troviamo è nostro.
Pirata: possiamo spaccare tutto, bruciare le case di questa gente
qua?

Gordon: siamo pirati, possiamo fare tutto.
Gordon: voi siete il mio esercito.
Gordon: domani dovete esercitarvi con la spada e col coltello.
Gordon: ci fermeremo qui, nascosti nel verde della foresta, per molti giorni.
Gordon: nessuno deve farsi vedere. Chi si farà vedere sarà morto.
Gordon: chi sa pescare?
Un pirata: io so pescare.
Un altro pirata: anch'io so pescare.
Un altro e altri sanno pescare.
Gordon: benissimo, voi andate in acqua a pescare, senza farvi notare.
Gordon: voi 5 fate delle capanne, voi cercate la legna per il fuoco.

Musica, suoni di uccelli e urla delle scimmie e rumori della giungla.

Passano 2 settimane e i pirati sono sempre nello stesso posto.
Si allenano con la sciabola, con il coltello, fanno la lotta, pescano e controllano che tutto vada bene.

Dopo 10 giorni trovano un cassone della nave, dentro ci sono pistole e fucili e polvere da sparo asciutta.
 un pirata: guardate là, nella spiaggia c'è qualcosa.
Un altro pirata: andiamo a vedere.
 musica, rumore delle onde sulla sabbia della spiaggia e sulle rocce.

Prendono il baule, lo portano dentro la giungla. Guardano e vedono le armi.

Musica, Tchaikovsky, suite lo schiaccianoci, danza degli zufoli.

Gordon: domani si parte, andiamo dentro l'isola.

Il giorno dopo entrano dentro l'isola.
Camminano per giorni.
Trovano un villaggio di pochi contadini.

Gordon, ai contadini del villaggio: venite fuori, altrimenti bruciamo le capanne.
2 famiglie di contadini composte da 10 persone escono dalla foresta e domandano cosa vogliono.
Gordon: noi siamo i pirati, dateci da mangiare, vogliamo mangiare carne, è molto tempo che non mangiamo carne.
Contadino: noi siamo poveri, non abbiamo niente, quello che abbiamo lo diamo ai 2 fratelli enormi, sono 2 fratelli gemelli alti 3 metri, sono grossissimi e cattivissimi.
Gordon: non crediamo a queste storie qua.
Dateci da mangiare, vogliamo che fate 5 maiali al forno per questa sera, altrimenti morirete tutti.
Contadini: non abbiamo da mangiare.
3 pirati: e questi cosa sono?
Gordon: siete bugiardi, tutto quello che dite è falso.
Un contadino: sì, non è niente nostro, è tutto dei gemelli.
Gordon: fate questi maiali per i miei pirati.
Un contadino: va bene, ma state attenti che i gemelli potrebbero venire.

Musica, urla dei maiali che vengono uccisi.

La sera i contadini stanno per arrostire le porchette.
Tutti i pirati mangiano, i contadini vengono legati dentro una capanna.

All'alba arrivano i 2 gemelli, svegliati dal profumo dei maiali arrosto.

I 2 gemelli sono 2 mostri, assomigliano ai lottatori di sumo, hanno il collo grosso come la testa, hanno le orecchie come il Buddha, una grossa pancia, 2 grosse braccia e gambe.

Assomigliano a 2 omoni dello scultore Botero Fernando, sono vestiti con un paio di pantaloni larghi che arrivano alle ginocchia, hanno occhi a mandorla, come i mongoli, con una treccia lunga un metro e mezzo e con la testa senza capelli, tutti e 2 hanno un tatuaggio sulla fronte, un occhio.

Incominciano a urlare come degli orchi.

Buttano tutto in aria, distruggono capanne, fanno volare i pirati svegliati dalle urla.

Tanti pirati scappano dalla paura.

C'è il panico.

Gordon prende 2 pistole e incomincia a sparare.

Queste due furie prendono dei pirati e li buttano addosso a g Gordon che spara.

Gordon scappa.

Dopo qualche ora, i pirati si trovano tutti uniti e fanno il conto di quanti sono morti.

Un pirata: 9 pirati sono morti, 13 sono feriti.

Gordon: dobbiamo stanare queste 2 bestie.

Gordon: dobbiamo studiare un piano.

Gordon parla con i contadini.

Gordon: dove sono queste 2 bestie?

Contadino: in mezzo alla foresta, fate attenzione, perché ci sono molte trappole.

Contadino: i 2 gemelli cacciano cinghiali per mangiarseli, se qualcuno viene preso da qualche trappola, muore senza testa o senza braccia.

Musica, Tchaikovsky, lo schiaccianoci, danza cinese.

Gordon e i pirati entrano dentro la giungla, camminano per ore.

Improvvisamente il primo pirata viene preso con un laccio ai piedi e vola su una palma.

Pirata, con la testa all'ingiù: aiuto, liberatemi, liberatemi, aiuto!

I pirati cercano di aiutarlo, ma la corda è troppo alta e non ci arrivano.

Gordon: resta là, dopo veniamo a liberarti.

I pirati seguono il sentiero, dentro la foresta.

Dopo 20 minuti, i 2 gemelli sono dietro a dei pirati, tirano delle noci di cocco, e ogni noce, prende un pirata sulla testa; 7 pirati cadono per terra e nessuno se ne accorge.

Durante il viaggio, un albero si stacca e uccide 4 pirati.

Gordon: bisogna fare attenzione, o finiremo tutti morti.

Gordon: tutti con le pistole in mano, pronti a sparare.

I pirati camminano per altri 30 minuti, trovano delle sabbie mobili.

Qualche pirata sprofonda dentro e muore.

Arrivano in una campagna e si trovano davanti i 2 gemelli.

Un pirata grida: addosso! E una decina di pirati vanno addosso ai gemelli.

I gemelli fanno volare tutti i 10 pirati, in quel momento altri pirati si buttano addosso ai gemelli, e anche questi volano a destra e a sinistra.

Gordon: siete senza cervello? Sparate.

Gordon spara.

I gemelli scappano nella foresta.

Musica, il volo del calabrone.

Gordon: dobbiamo prenderli vivi, hanno paura delle armi.

Gordon: prepariamo una grande rete e li prendiamo come prendiamo i pesci.

Gordon: ci accampiamo qua, facciamo delle capanne per la notte.

2 pirati: noi andiamo a caccia, portiamo selvaggina per mangiare.

Gordon: ok, andate.

Passano dei giorni.

Durante la notte i 2 gemelli vengono nell'accampamento.

Un pirata dorme fuori, i 2 gemelli stanno per prenderlo, un topolino bianco esce dalla tasca del pirata, i 2 gemelli si stringono tra di loro, hanno una tremenda paura del topolino.

Il pirata urla: venite, venite!

Arriva Gordon: prendete la rete, facciamoli prigionieri.

Altri pirati arrivano con la rete e fanno prigionieri i 2 gemelli.

Il pirata col topolino in mano va dai gemelli e gli dice: adesso questo piccolo mostro vi mangerà le dita dei piedi.

I gemelli pieni di paura: pietà, facciamo tutto quello che volete, portate via quel piccolo mostro!

Il pirata, a Gordon: abbiamo i gemelli in pugno, hanno paura del topolino, faranno quello che vogliamo. Facciamoli lottare tra di loro.

Gordon: è una buona idea.

Gordon ai gemelli: i pirati vogliono vedervi lottare tra di voi.

I gemelli: faremo tutto quello che volete.

Musica, 3 pirati suonano su tronchi vuoti, al ritmo della lotta.

Il giorno dopo.

I pirati trovano un pezzo di terra di 10 metri di diametro, circondata dalle sabbie mobili, fanno un ponte levatoio.

Pirati suonano dei tronchi vuoti, il tam tam.

Il pomeriggio, tutti i pirati attorno per vedere i 2 gemelli lottare.

I gemelli vengono messi dentro questa piccola isola.

Gordon: dovete lottare solo a mani libere, vogliamo un bello spettacolo.

Un pirata al battito di un tronco vuoto dà il tempo.

I 2 gemelli incominciano a lottare.

Tutti i pirati: dagli più forte, ancora!

Passano le ore e i 2 gemelli si danno un sacco di botte, ma non hanno un livido, sembrano fatti di gomma.

Dopo 3 ore di spettacolo, Gordon: fine della lotta, per oggi metteteli dentro la rete.

Passano 2 giorni.

Molti pirati sono vicino ai gemelli, li prendono in giro col topolino in mano.

Musica, Mozart, Rondò alla turca.

Dall'alto delle palme con delle liane arrivano 2 vecchietti sui 65 anni.

Un uomo e una donna molto piccoli, circa un metro e cinquanta.

Lui barba e capelli lunghi e bianchi, capello tipico cinese, vestito con una tuta cinese bianco sporco, con in mano una spada cinese; la vecchia vestita uguale, anche lei con una katana.

Arrivano dal cielo come 2 furie, in pochi secondi tagliano la rete, fanno scappare i 2 gemelli e con la katana iniziano un duello contro i pirati.

Uccidono una ventina di pirati.

I pirati, increduli, Lasciano passare i 2 vecchietti.

Cinque minuti più tardi tutto è finito, ci sono solo i pirati morti e feriti.

FINE PRIMO TEMPO

2 SECONDO TEMPO

Dopo qualche ora Gordon, il capitano dei pirati, dice: prendete tutte le cose utili e andiamo via da quest'isola.
Camminano per un giorno e si trovano in una spiaggia.
Di fronte alla spiaggia, a circa 200 metri ci sono altre isole.
Gordon: adesso dormiamo qua, domani mattina nuotando arriviamo in quell'isola di fronte.
Un pirata: quell'isola, o quell'altra?
Gordon: quella più grande.

Passa la notte, rumori di uccelli notturni.

All'alba i pirati si alzano, stanno prendendo le armi per andare via dall'isola.
Da lontano si sentono grida, come fossero un orco o due a gridare, i pirati impauriti scappano verso la spiaggia.
Dalla giungla escono i 2 gemelli, con il padre e la madre, con le katane in mano.
I pirati si gettano in acqua e nuotando arrivano nell'isola di fronte.

Musica, rumore delle onde sulla sabbia e sulle rocce.

Nuotano per 20 minuti e arrivano nell'isola.

Gordon: quanti siamo vivi? Quante pistole abbiamo, fucili, spade, coltelli?

Un pirata conta i pirati: siamo 41, la polvere da sparo non funziona, abbiamo sciabole e coltelli.

Gordon: speriamo di essere più fortunati, andiamo dentro la giungla.

Gordon, dopo 3 ore di marcia dentro la giungla: fermiamoci qua, facciamo il campo base.

Si fermano qualche giorno, poi partono in cerca di altra gente.

Dopo una settimana di giungla trovano un monastero.

Musica, rumori della foresta, urla di scimmie e uccelli.

Gordon: andiamo a vedere chi vive là.

Dopo 20 minuti arrivano davanti a un portone.

Gordon, batte il portone: aprite, aprite o buttiamo giù il portone.

Dopo qualche minuto, il portone viene aperto.

I pirati entrano dentro il monastero.

Di fronte ai pirati, lontano 20 metri, c'è un uomo vestito con una tunica, un cappello tipico cinese e scarpette tutto rosso terra cotta.

L' uomo è alto circa 50 centimetri, non è un nano, ma un uomo perfetto in tutta la sua altezza.

L'uomo: mi chiamo Caio, sono il capo del nostro monastero, chi siete voi, cosa volete ?

Gordon: noi siamo pirati, veniamo dall'Inghilterra, abbiamo perso il vascello e abbiamo fame.

Caio: avete fame? Sedetevi per terra, i miei uomini vi porteranno da mangiare.

Gordon: tutti seduti, e non create problemi.

Tutti i pirati sono seduti, dopo 20 minuti arrivano una ventina di uomini, tutti vestiti di rosso e tutti alti circa 50 centimetri.

Questi piccoli uomini servono da mangiare ai pirati.

Tutti i pirati mangiano senza creare problemi.

Musica, Tchaikovsky the nutcracker 9 - lo schiaccia noci n. 9.

Passano le ore, e al tramonto dei pirati decidono di andare in giro per il monastero.
3 piccoli monaci li seguono, i 3 pirati entrano dentro una porta e vedono dei barili, assaggiano e bevono; poco dopo sono tutti e tre ubriachi, cantano borbottando.
Un pirata prende un barile e lo porta fuori dove ci sono gli altri pirati.
Gordon: avevo detto di non creare problemi.
Tutti bevono, compreso Gordon, poco dopo sono tutti ubriachi, e dormono tutta la notte per terra.
Al mattino si svegliano e vedono una gabbia di ferro, chiusa da tutte le parti.
Tutti si domandano cos'è.
Capo dei monaci, Caio, al battito del gong, dice: da domani tutti voi farete vedere quanto valete.
Combatterete in duelli amichevoli tra di voi e contro di noi, faremo la lotta libera.

Primo giorno, senza armi, solo allenamento.
Secondo giorno con le spade e coltelli, solo allenamento.
Terzo giorno, lotta tra di voi, senza farsi male.
Quarto giorno, lotta voi contro monaci, senza armi.
Quinto giorno, voi con le armi, monaci con le armi.
Chi sbaglia muore.
Chi si salverà sarà libero.

Musica, dei monaci battono dei tamburi, un tam tam.

Il mattino, i pirati si schierano tutti da una parte del convento.
Gordon: faremmo come dicono loro, oggi si fa l'allenamento.

Vediamo quanto sono forti questi monaci, dopo ci pensiamo.
Gordon: nessuno deve creare problemi, ci divertiamo un po', poi vediamo.
Pirati: va bene, noi siamo più forti, ci divertiremo per un po'.

Un monaco batte il gong.
Altri monaci suonano delle conchiglie.
Altri pirati suonano dei tamburi, al ritmo del tam tam.

Capo Caio: attenzione, da adesso incominciano gli allenamenti, a mezza giornata tutti mangiamo.
Poi ci saranno gli allenamenti, fino al tramonto.

Suonano i tamburi.
Tutti i pirati, a coppie incominciano a lottare come possono.
I piccoli monaci guardano e ridono per le botte che si danno i pirati.
Passano le ore, un colpo di gong, e arrivano i monaci con il cibo.

Musica cinese, Erhu, ballad of north henan province.

Caio: adesso si mangia, prima preghiamo, un minuto per il cibo.
Tutti pregano e poi tutti seduti per terra a mangiare, arriva di tutto, i pirati mangiano come porci.
I monaci mangiano come al solito poco riso e qualche noce.

Dopo un'ora.
Caio: adesso si allenano i monaci.
Un colpo di gong.

I piccoli monaci incominciano i combattimenti, uno contro uno, senza armi.
Passano 2 ore, un colpo di gong.
Caio: adesso un monaco contro 3 monaci, senza armi.

Musica, tam tam dei tamburi.

I pirati tutti divertiti a guardare questi piccoli monaci saltare come delle cavallette.
Un pirata: piccoli ma velocissimi.
Un pirata alto e grosso: me li mangio tutti da solo.
Un altro pirata: vorrei essere in mare nel veliero, questi ci spaccano le ossa.
Un altro pirata: con le sciabole li tagliamo a metà con un colpo solo.
Gordon: questi piccoli diavoli fanno solo questo, sono maestri di lotta, dobbiamo scappare.
Un altro pirata: ha ragione Gordon.
Gordon: chi ha una buona idea la dica, prima che sia troppo tardi.

Il finale 2 monaci contro 10 monaci, tutti duelli corretti, senza farsi male.

Al tramonto, tutti mangiano; tutti i pirati a guardare il tramonto dal giardino del monastero.

Musica cinese, Hulusi 2, phoenix tail, bamboo under moolight

Il mattino, un monaco suona il gong.
Caio: oggi allenamento con le armi, incominciano gli ospiti.
I pirati con le sciabole e i coltelli si affrontano in duelli da pirati, senza regole.

Dopo ore di combattimenti, arriva il gong, tutti a mangiare.

Qualcuno bussa al portone dei monaci.
Un monaco apre e entrano 3 samurai.

Caio: benvenuti, siete venuti in pace o in guerra?
Un samurai: siamo venuti in pace, mio signore.
I 3 samurai si inchinano.
Un samurai: abbiamo fame, vogliamo mangiare qualcosa.
Arrivano altri 2 monaci.
Un samurai: siete tutti così piccoli?
Un monaco: sì, siamo nati tutti qui in questa isola, qui viveva un popolo di piccoli pescatori.
Un monaco: venite a mangiare.
Un altro monaco: abbiamo ospiti, sono pirati, vengono da lontano.
I monaci portano nel parco i nuovi ospiti e gli dicono sedetevi.
I 3 samurai si siedono in una parte del giardino, lontano dai pirati.
Arrivano 2 monaci con del cibo e i 3 samurai mangiano.
I 3 samurai ringraziano per il cibo.

Musica, monaci suonano il tam tam, con i tamburi.

Un colpo di gong.
I piccoli monaci incominciano i combattimenti.
Combattono con delle piccole katane e piccoli coltelli, sciabole e altre armi da arti marziali.
I pirati si divertono a vedere questi piccoli diavoletti velocissimi e precisissimi.
Arriva il tramonto, tutti mangiano e osservano le stelle

Un pirata: quanto vorrei essere nella mia nave.
Un altro pirata: io vorrei essere in un'isola tranquilla, non qui a prendere un sacco di botte.

Musica cinese Li juan, Bamboo in the moonlight.

Il giorno dopo, il gong sveglia tutti.

Caio: abbiamo altri ospiti, oggi combatteranno tra loro.
Dei pirati suonano il tam tam con dei tamburi.

I tre samurai incominciano i combattimenti a mani nude.
I tre samurai vogliono combattere dentro la gabbia.
 incominciano i combattimenti, uno contro uno.
Due samurai dentro la gabbia incominciano a lottare. Tutti i
pirati attorno alla gabbia di ferro urlano: dagli, dagli più forte,
ammazzalo.
Dopo 30 minuti entra in scena l'altro samurai.
Fanno i combattimenti, tutti e 3 uno contro l'altro

Uno dei pirati: Gordon, quel samurai è il prigioniero.
Gordon: sì, hai ragione.
Un pirata: dobbiamo ammazzarlo.
Gordon: più tardi facciamo confusione, lotteremo contro i
samurai.
Durante la lotta qualcuno apre il portone e scappiamo.

Musica cinese da combattimenti, Jingdezhen of china, Live nel
giardino del mandarino.

Un monaco suona il gong.

Caio: adesso si mangia.

Tutti seduti che mangiano.

Gordon, ai pirati: dopo mangiato prendiamo le sciabole e
andiamo addosso ai samurai.
Gordon: dovete fare tanto casino, qualcuno apre il portone e
scappiamo.

I samurai sono in un angolo, stanno ancora mangiando.
Un samurai: sono stato prigioniero di questi pirati, dobbiamo ucciderli.
Altro samurai: va bene, sono troppi, sanno combattere?
Samurai prigioniero: sono in tanti ma non conoscono le arti marziali.
Musica cinese, nel giardino del mandarino.

Tutti hanno mangiato.
Una decina di pirati con le sciabole in mano vanno addosso ai 3 samurai.
I 3 samurai si alzano in piedi e a mani nude incominciano a difendersi.
Gordon e altri pirati approfittano della confusione, si avvicinano al portone.
Un pirata apre il portone.
Gordon: scappiamo, poi veniamo a prendervi, adesso combattete.
In 4 pirati scappano, in 2 minuti sono in mezzo alla giungla.
Dentro ci sono i 3 samurai che lottano per difendersi dai pirati.
I samurai ammazzano molti pirati.

Un colpo di gong, e tutti si fermano.

Caio parla ai pirati: alcuni dei vostri amici sono scappati.
Adesso prendete i corpi dei vostri morti, li mettete sopra quella legna e li bruciate.
Caio: più tardi mangiate, domani ci saranno i veri combattimenti.

Il giorno dopo, dentro la gabbia, un pirata contro 2 monaci.
Caio: iniziano i combattimenti, per 20 minuti, solo a mani nude, dopo con le sciabole. Si lotta fino alla morte.

Dei monaci suonano dei tamburi particolari.

Ci sono 3 tamburi conici larghi 50 centimetri, alti un metro e trenta centimetri.
I 3 tamburi sono alzati dal suolo , sono uno vicino all'altro, la parte alta è la parte più larga.
Sopra i tamburi ci sono 3 trampolini, i monaci si lanciano dai trampolini sopra il tamburo creando dei ritmi e creando una bella coreografia.

Incominciano i combattimenti
Nella gabbia entrano un pirata e 2 monaci, al suono di un gong più piccolo incominciano i combattimenti.
Il pirata cerca di difendersi, ma i monaci saltano come delle cavallette e danno delle botte con le mani e con i piedi, che il pirata sente.
Il pirata: venite avanti, piccoli diavoli, adesso vi mangio. I 2 monaci gli danno tante botte sul naso che il pirata perde i sensi.
Un pirata, grande e grosso, entra dentro la gabbia e dice: io voglio combattere contro 4 piccoli diavoli.
Entra nella gabbia con 4 monaci, il pirata cerca di prenderne uno con le mani, ma i piccoli monaci sono più veloci e tutti 4 volano e gli danno tanti pugnetti e calci sul naso e sugli occhi.
Il pirata grida dalla rabbia perché non sa come prenderli, poco dopo pieno di sangue dal naso, cade per terra.
Entra nella gabbia un pirata tutto ciccia e pancia, combatte contro 2 monaci; dopo 10 minuti il pirata è per terra con la pancia per aria , e i 2 monaci saltano sulla sua pancia su e giù.
Tutti, pirati, samurai e monaci a ridere come matti.
Un pirata: io combatto in uno scontro leale, io voglio combattere con la mia sciabola.
Caio: va bene, sarai accontentato. Quanti guerrieri vuoi combattere?
Il pirata: voglio provare con 3 diavoli.

Un colpo di gong.
Incomincia il combattimento.
Il pirata con la spada, contro 3 monaci con le spade da samurai.
Incomincia il duello. Il pirata gira la scabola di qua e di là come fanno i pirati, un monaco gli infilza in un piede la sua spada, il pirata grida dal dolore, un altro monaco lo infilza nel culo, il pirata urla dal dolore e grida vi taglio la testa.
Dopo 15 minuti il pirata perde sangue da tutto il corpo, i monaci lo hanno infilzato da tutte le parti e cade per terra.
Un pirata: questo non è un duello leale, voi siete dei diavoletti siete più bravi di noi a combattere. Cambiamo le regole, propongo di combattere uno contro uno.
Caio: va bene, uno contro uno.

Arriva il gong, quello del pranzo.
Tutti seduti a mangiare.

Musica, cinese, Liu fang 02 autumn moon on a calm lake

Dopo mangiato.
Caio: adesso duelli uno contro uno senza armi, chi è il più forte di voi pirati?
Un pirata: incomincio io.
Caio: il pirata contro un samurai, solo lotta leale. Non voglio morti.
Dei pirati incominciano a battere i tamburi.
Batte il gong.
I 2 lottano dentro la gabbia.
Il pirata tira un pugno, il samurai schiva il pugno, il pirata tira una decina di pugni, il samurai li schiva tutti, il samurai tira con il piede un colpo e prende il pirata sulla pancia.
Il combattimento si svolge in tante botte date al pirata.
Dopo mezzora il pirata è per terra.
Altro combattimento, altro pirata, altro samurai.

Il pirata prende un sacco di botte, il samurai vola a destra e a sinistra e dà dei calci in testa al pirata, finché il pirata cade per terra.
Terzo combattimento, il samurai propone di lottare solo contro 4 pirati.
Caio: va bene se ai pirati va bene.
4 pirati entrano nella gabbia.
Incominciano i combattimenti, i pirati saltano di qua e di là, un pirata prende uno schiaffo e va per terra, gli altri 3 pirati prendono un po' di botte.
Durante il combattimento, il samurai è vicino al pirata che è per terra, il pirata per terra prende il polpaccio del samurai e lo morde più forte che può, gli altri pirati gli saltano addosso.
Il samurai è fermo per terra, bloccato dai pirati; qualche secondo dopo il samurai si libera dei pirati, e dopo pochi minuti sono tutti per terra, pieni di sangue, svenuti.
A questo punto tutti i pirati che restano vivi, non vogliono più prendere botte, decidono di arrendersi.

Musica, cinese, Liu Fang 01 spring rain.

I pirati vivi decidono di domandare scusa a Caio e di andarsene.
Caio accetta le scuse, fa aprire il portone e i pirati se ne vanno correndo verso la giungla.
I 3 samurai corrono dietro ai pirati, con le scimitarre in mano, urlando andate via da qua.
Finale, scena.
Si vedono una decina di pirati che scappano, inseguiti dai 3 samurai, fino alla giungla.

FINE

FANTASMI DAL PASSATO

Anche questo film è un film molto fantasioso, ho voluto mettere
un po' del passato col presente, che nei film piace.
Mi sono ispirato al grande Sergio Leone. I suoi film fanno la
storia del cinema italiano e mondiale.
Le idee mi son venute facilmente, e altrettanto scritte.
Spero che piaccia.

Fantasmi del passato, primo tempo.

Musica di testa, Morricone, armonica, death rattle.

Musica di coda, Madonna, borderline.

1867, un uomo a cavallo entra in una piccola città Americana,
Si avvicina piano piano, scende da cavallo e va nel saloon,
Si siede e ordina uno whisky.

Musica, Morricone, Death rattle.

giorno dopo, stesso saloon, gioca a carte con altri tre tipi.

Cowboy: posso giocare?
Dal tavolo: gioca.
Cowboy: una bottiglia di whisky.
giocano un'ora, solito linguaggio del gioco.
Il cowboy vince un po' e si ritira
Cowboy: per oggi basta, ci vediamo domani.

Musica, Morricone, addio a cheyenne.
Dopo qualche giorno è a letto con una del paese.

Cowboy: miledy, sono di passaggio, dove posso trovare donne, un bordello.
Miledy: vieni dentro in casa, ne parliamo.
Miledy: se vuoi ti posso accontentare io, il mio uomo non c'è più. Bevi un whisky?
Cowboy: sì, grazie, sei porca a letto?
Miledy: è tanto tempo che non mi viene un'occasione, posso essere la tua porca per tutta la notte.
Dopo un'ora sono a letto che fanno sesso.

Musica blues, sonny boy, i am a lonely man.

Altro giorno, gira a cavallo e in una campagna vede una contadina con il culo in aria, sta piantando grano. Mezzora dopo se la sta trombando, con il culo all'insù, sotto l'ombra di un albero.
Dopo una bella trombata, una bevuta e una mangiata, prende il cavallo e va in città.
Cowboy alla contadina: che bel culo che hai!
La contadina con il culo in aria, lo guarda e sorride.
Cowboy piano piano va dalla contadina e le mette una mano nel culo e tocca. La contadina, col culo in aria, lascia che tocchi.
Dopo 10 minuti sono sotto l'albero a trombare, lei sempre col culo in aria.
Finito di trombare, il cowboy: sei sola?
La contadina: questo è un paese di vedove o donne sole, il mio uomo è morto in guerra. mangiamoci sopra, qui c'è il vino, entriamo in casa che preparo da mangiare.
Al tramonto, il cowboy prende il cavallo e parte.

Musica, El condor pasa, flauta de pan.

Passano le giornate giocando e bevendo nel saloon.

Musica blues, Sonny boy williamson, nine below zero.

Passa una settimana, vede una bella signora che abita nella città, la saluta.
La saluta altre volte e qualche settimana dopo le dice che vorrebbe andare a letto con lei.
La signora affascinata dall'uomo gli dice che le piacerebbe ma ha paura di suo marito, che è geloso.

Musica, Gheorghe Zamfir, pan flute music.

3 giorni dopo la signora incontra il cowboy e gli fa capire che suo marito è fuori città e che può entrare in casa.
La signora al cowboy: mio marito è partito per affari, a Farbyt.
Questa sera quando è scuro ti Lascio la porta aperta, ti aspetto.
E' sera tardi.
Il cowboy entra in casa e senza parlare va in camera della signora, trombano tutta la notte.

Dopo una bella scopata, durante la settimana ce ne sono delle altre.

Musica, Morricone, estasi dell'oro.

Un pomeriggio, mentre era a letto scopando con la signora, entra in casa il marito.
Il marito offeso dà l'appuntamento al cowboy per un duello.
Marito: tu, donna puttana, pagherai, e tu, domani a mezzogiorno, ti sfido a duello.
Il giorno dopo i due si sparano, muore il marito di lei.

Scena
A mezzogiorno, musica di Sergio Leone,armonica death rattle.
In mezzo alla piazza c'è il duello.

I due pistoleri sono uno di fronte all'altro,il sole è alto il pistolero,esperto si mette sotto il sole,mentre l'altro ha il sole in faccia. Un colpo parte si sente uno sparo,sotto il sole.
Quella poca gente che assiste al duello,se ne va come non fosse successo nulla.
Il marito muore.
Il cowboy paga per la bara e per la sepoltura, uno sguardo alla Signora, e va in saloon.
In saloon mangia un piatto di fagioli e beve whisky.

Musica, Morricone, A Fistful of dollars.

Il cowboy a cavallo esce dalla città.
Scena
Tramonto: il sole, sta per tramontare, si vedono le colline, le ultime case di legno del piccolo paese, e il cavallo col cow boy di schiena, che piano piano esce dalla città e in lontananza sparisce.

Musica, Morricone, Buono, brutto, cattivo.

Siamo in un altro secolo.

2012 New York. Bylly conduce una vita normale, moglie, 2 bambini un lavoro normale in un ufficio, una casa, una macchina normale. Passano i giorni, si vede dove lavora, quello che fa, fine lavoro una birra in bar, 4 chiacchiere con gli amici.
A casa di Bylly, la moglie: accompagni tu i bambini a scuola?
Bylly: sì, venite che devo andare al lavoro.
Bambini: sì papà, vengo, un attimo.
Bambini: ciao mamma, ciao mamma.
Bylly: a stasera, ciao.
E via in macchina.

Musica, Serebro, Tik Tok.

Qualche mese dopo, un amico di Bylly gli dà dei film western
E gli dice: guarda questi film di Sergio Leone, spaghetti western,
c'è anche Clint Eastwood da giovane.

In ufficio, Bylly: Jon, dopo andiamo in pub per una birra?
Jon: ok. se passi per casa mia, ti do dei film di Sergio Leone.
Bylly: ok. Dopo una birra,al pub.

In bar, Bylly,a Jon: devo prendermi una vacanza, voglio andare a
pescare,
Bylly:andiamo assieme?
Jon: si può, devo sbrigare delle cose, ti faccio sapere.
Jon, a casa sua, dà dei film da vedere.
Jon: guarda questi film, questa è arte del cinema.

Musica, Donna Summer.

Bylly a casa, dopo cena, si mette al computer e guarda un video
delle Serebro, Gun.
Beve 3, 4 birre.

Musica, Serebro, Gun.
Il giorno dopo va a lavorare.
Bylly, al mattino: bambini, andiamo che vi porto a scuola.

Musica in macchina, Serebro, Mama lover.

Un'altra sera guarda un film al computer di spaghetti western.
Prima di guardarsi il film, Bylly prende delle birre dal frigo, fa la
doccia, canticchia e ascolta la radio. La moglie: vado aletto.

Musica dalla radio, Madonna, Like a prayer.

Bylly si guarda il film con interesse.
Verso mezzanotte Bylly è disteso nella poltrona con una birra
In mano, che dorme. Il film è finito, lo schermo del computer
diventa bianco con una nebbia strana.

Musica, Claudio Simonetti.

Scena,
si vede,Bylly che è disteso con le braccia aperte e con la
testa,che guarda il soffitto,e dorme e con un barattolo di birra in
mano.
Bylly si sveglia,guarda la lo schermo del computer,e dice;che
cosa succede?che cosè questa nebbia?
La nebbia invade la stanzetta e in pochi secondi sparisce.
Bylly,chiude il computer,e la luce e va a letto.

FINE PRIMA PARTE

Passano le settimane, la vita di Bylly è regolare.
La famiglia ok, lavoro amici ok.

Scena
Si vede Bylly che va al lavoro, e che in ufficio seduto davanti,al suo computer,che lavora ,a volte si vede che discute con colleghi,sempre sorridente di buon umore.
In altre occasioni è con amici in bar che beve una birra,e parla del più o del meno,scherzosamente.

Musica, Madonna, Hung up.

Una sera si riguarda un film di spaghetti western. Alla fine del film si vede una scena di 2 cowboy che fanno un duello; uno muore. La scena si ripete per 5-6 volte. Bylly spegne il computer, ma questo non si spegne.

Musica, la stessa musica del duello primo tempo, Morricone,
A fistful of dollars.

Bylly tira la spina del computer per spegnerlo, il computer esplode ma non fa danni,.
Per fortuna era un vecchio monitor.

Scena
Bylly davanti al computer, a casa con una birra, che guarda il film di cowboy.
Bylly dopo aver visto la stessa scena per 5,o 6 volte,con una birra in mano,dice cosa succede,si è incantato tutto.
Bylly,prova a spegnere,il computer ma non ci riesce.

Bylliy,che cazzo succede?adesso tiro la spina vediamo se ho ragione io.
Bylly,tira la spina e si sente un botto,c'è un po di fumo e il computer è partito.
Bylly,va fan culo,rotto il computer,me ne compro uno nuovo,questo era vecchio.
Durante il film si sente la stessa musica.
 La stessa musica del duello del primo tempo, musica di

Morricone, A fistful of dollars,gli resta nella mente per tutta la notte.

Passano i giorni. Bylly nel computer dove lavora vede sempre la stessa scena del duello.
La scena diventa un incubo.

Musica, musica Morricone, a Fistful of dollars, per un pugno di dollari.

A casa sua moglie sta lavorando con il computer, tutto procede normalmente.

Scena
A casa di Bylly sua moglie sta facendo delle ricerche con il computer e è a sieme a sui figli.
La moglie di Bylly con i due figli è in cucina che prepara un dolce,e le licette le trovano in internet.
Mentre la radio è accesa,e si sente la musica di Madonna.

Musica della radio di casa, Madonna, Give it to me.

Bylly si avvicina al computer acceso, dove lavora, in ufficio.

Guarda il monitor e vede una scena di una donna a letto che sta
scopando con un uomo. La scena è del primo tempo, siamo nel
1860 il cowboy gira la testa e Bylly incredulo dice: sono io.
Arrivano i bambini, il computer si chiude da solo.

Musica, Morricone, l'estasi dell'oro.

Passa il tempo, Bylly in tutti i monitor vede le stesse scene, lui
che è a letto con la donna e il duello con il cowboy.

Musica, Morricone, l'estasi dell'oro-a fistful of dollars.

Qualche giorno dopo ha le allucinazioni, vede la sua vita
precedente, si vede a cavallo che entra nella città, si ricorda
avventure passate con le donne, giocate a carte nei saloon.

Decide di visitare uno psichiatra.
Lo psichiatra lo visita, dopo qualche seduta gli dice che non è
Grave, ci vuole un po' di pazienza.

Musica Satriani joe, Summer song.

Un giorno in ufficio davanti al computer improvvisamente vede
il cowboy dentro il monitor che si avvicina e vede un cowboy di
spalle che nel duello gira la testa.

 Bylly lo riconosce, dice: sono io.

I cowboys si sparano.

Musica, Morricone, a Fistful of dollars.

Il cowboy, ferito a morte, guarda Bylly.

Bylly,guarda il monitor,quasi incredulo,vede benissimo il volto del cow boy,che sta morendo,sotto un sole cocente
Bylly guarda il cow boy,e mentre i due sguardi si incontrano.

Esplode il monitor e un pezzo di vetro taglia il collo a Bylly.

Per terra si riempie di sangue,Bylly,si mette le mani nel collo,poi si vede pieno di sangue che gli scende dalle mani.
Bylly,si inginocchia,guarda il soffitto,non ha più parole.
Bylly mentre sta morendo,vede scorrere,la sua vita come in un film in pochi attimi,la sua mente lo proietta nel passato nell'altra vita,e si vede che fa il duello con l'altro cow boy.

Qualche minuto dopo,la telecamera dall'alto mostra il corpo,di Bylly,disteso nel pavimento,mentre la telecamera sale sempre più alta,fin che finisce tutto nel buio.

Musica, Morricone come una sentenza.

FINE

MIO FIGLIO ROBOT

Questa è una commedia quasi una fiaba, piacerà molto ai bambini.

Mio figlio robot 1. Parte.

Musica, musica di testa, attuale.

Musica di coda, attuale.

Scena,
Dal celo la telecamera inquadra un cimitero di elettronica, e macchinari di ogni tipo.
La telecamera inquadra , piano piano un po' tutto il cimitero di elettronica.
Improvvisamente si vede un piccolo uomo con un carrello che gira di qua e di là.

Musica, pop attuale.

Anno 2065, Mario è in una discarica di elettronica.
Dopo ore di ricerca di pezzi che gli servono per fare, un gioco di ultima generazione per suo figlio, con un carrello pieno di cose utili per il suo lavoro, sente una vocina che chiama aiuto, aiuto, e in un angolo, nascosto da rottami di robot, vede una testa e un corpicino come quello di un bambino di 10 anni, per terra che lo guarda e gli dice: aiutami, ti prego, aiutami.
Mario, stupito, lo guarda e gli dice: come posso aiutarti?
Il robot gli dice: portami via con te, non te ne pentirai.
Mario gli dice: ma tu cosa sai fare oltre che parlare?
Il robot gli dice: tante cose utili, però mi devi aggiustare, mi devi trovare delle gambe, delle braccia.

Mario gli dice: va bene, ti porto via con me, però devi stare zitto, come morto, altrimenti mi costerai tanti soldi e io non ho tanti soldi.
Mario porta a casa i rottami e anche il robot.
Alla cassa della discarica di materiali.
Guardiano: cosa hai trovato di buono, oggi, Mario?
Mario: sto per fare un esperimento, ho trovato solo cose vecchie mi serve, quello che c'è dentro per finire un esperimento.
Guardiano: quanta roba vecchia che ti porti a casa.
Mario: te l'ho detto, devo finire un esperimento e mi servono solo cose vecchie.
Guardiano: dammi cinquecento dollari.
Mario: sei matto, cinquecento dollari?
Guardiano: scherzo, dammi trenta dollari.
Mario: sempre che scherzi, mi hai fatto prendere un colpo! Ciao, alla prossima volta.
Mario, prende l'auto e se ne va.
In macchina Mario canta al ritmo della radio, e anche la testa
Del robot canta, anche un po' stonata.

Musica della radio, in macchina,

Mario a casa prende il robottino e lo mette sopra il tavolo del suo laboratorio.
Mentre pensa a cosa fare, la musica della radio gli fa compagnia.

Passa tutto il giorno a parlare con il robottino, pensando a come riparare, a cosa fare per ricostruirlo. Il robot gli dice di andare a vedere nello stesso cimitero di robotica se trova le stesse gambe e le stesse braccia.
Mario,mi sembra di essere Geppetto,che costruisce Pinocchio.

Musica,attuale pop.

Dopo qualche settimana, girando per cimiteri di robotica, trova delle braccia e delle gambe compatibili, per il robot.
Con l'aiuto del robottino, con i suoi consigli incomincia la ricostruzione del robot.

Mario,al robot:adesso ti ho trovato 2 gambe e 2 braccia,sarai contento!
Robot:si Mario,sono contento,potrò chiamarti papà,quando sarò completamente funzionante?
Mario,al robot:aspettiamo quando sarai funzionante,adesso è ancora presto per chiamarti figlio mio.

Il robot viene costruito perfettamente, Mario rimane stupito di quello che ha fatto e, commosso, si mette a piangere.
Mario, al robot: ti devo dare un nome, perché sei troppo bello.
Il robot si muove perfettamente come un uomo, e parla benissimo anche molte lingue. Mario gli domanda: come ti chiamavano prima di rottamarti?
Il robot: mi chiamavano Oscar.
Mario: ti ricordi qualcosa della vita precedente, cosa ti è successo?
Il robot: ero insegnante, insegnavo tutto ai bambini di chi mi ha costruito.
Mario: e dov'è chi ti ha costruito?
Robot: io vengo da un'altra galassia, molto lontano.
Mario: e come hai fatto ad arrivare sulla terra?
Robot: per viaggiare nello spazio, dal mio pianeta abbiamo una tecnologia particolare, ci vuole la mia navetta spaziale.
Mario: quante ore ci vogliono per arrivare fin qua, sulla terra?
Robot: pochi secondi, il tempo del pensiero.
Mario: il tuo padrone è cattivo, e adesso dov'è?

Robot: dov'ero tutti erano buoni e gentili, non come qui che tutti sono diversi. Il mio costruttore era di carne come te; quando siamo arrivati, circa 3 anni fa, ci hanno sparato. Avevamo una piccola astronave, e io mi sono trovato senza braccia e senza gambe nella discarica, finché non sei passato tu e mi hai preso, e mi hai mezo aggiustato, per fortuna hai trovato le mie stesse braccia e gambe.
Però per completarmi dovrai costruirmi la pelle come ero prima, e darmi un viso nuovo, come vorrai tu.

FINE 1 PARTE

Musica,attuale.

Mio figlio robot.
Dopo qualche settimana, a casa di Mario, tutta la famiglia aveva preso confidenza con il robot.
La moglie i bambini si divertivano con il robottino.
La telecamera inquadra la famiglia che si diverte, davanti alla televisione, tutti assieme col piccolo robottino.

Dopo un mese, di ricerche di materiali per costruire la pelle, Mario prova in laboratorio la composizione che il robot gli aveva detto di fare; dentro una pentola prova la composizione chimica per fare la pelle per il robot.
Nella pentola si forma una sostanza che sembra pelle di un rospo.
Mario vede che la composizione chimica non è perfetta, ma vuole spalmarla sul corpicino del robot.
Mario: questa cosa non mi piace, ma proviamo, vediamo che succede.
Se non riesce domani, facciamo tutto nuovo.
Mario prende il contenitore dove c'è questa sostanza, e spalma sul robot, con una spatola, la sostanza.
Passano delle ore, è tardi. Mario decide di andare a casa dalla famiglia.
Il robottino si guarda e vede che la pelle è come quella di un mostro e prende paura.
Il robottino si sente un mostro e pensa di scappare.
Scappa dal garage, va in un parco e si nasconde.
Passano delle ore, il robot è nascosto tra i cespugli.
Da lontano si sente la sirena della polizia.
Quattro uomini scappano con dei sacchi nel parco.
Il robottino esce dai cespugli, e in penombra i ladri lo vedono.
Improvvisamente sono tutti di fronte al robot, che sembra un mostro.

Il robot urla dalla paura e i ladri urlano perché hanno visto un mostro.

I ladri scappano verso la polizia e si fanno arrestare.

Il robot ritorna nel garage laboratorio.

Il robottino: che spavento che ho preso con quei quattro, per fortuna son qua e adesso mi levo questa cosa che mi fa diventare un mostro.

Durante la notte il robot si leva tutta la pelle.

Al mattino arriva Mario.

Mario: cosa hai fatto alla pelle che ti ho messo ieri sera?

Robot: la pelle non era quella giusta.

Il robot guarda Mario e dice: bisogna che la stanza sia stagna, altrimenti divento come un mostro.

Mario distrugge la sostanza fatta con della soda caustica.

Dopo qualche giorno, finito di costruire la stanza stagna, incominciano l'avventura.

Musica della radio, del garage.

Mario crea una sostanza come la pelle abbronzata e lavorabile come la creta.

Con le istruzioni del robot, Mario crea prima il viso.

Prima il viso era ovale senza naso e colore acciaio grigio.

Finito il viso, Mario sorride dicendo al robottino, questa è la volta giusta, vedo che stai per avere un bel viso, e dopo avrai anche un bel corpicino.

Dà la forma alle braccia, alle gambe, alle mani e ai piedi.

Dopo poche ore il corpo del robot è finito, Mario piange dalla gioia vedendo quello che ha fatto.

Gli mette un vestitino suo di quando aveva 15 anni, e lo veste.

Mario: e adesso ti metto il mio nome, Mario Junior.

Mario dice al robottino: vieni con me, andiamo davanti a uno specchio, così potrai vederti e così mi dici cosa pensi della nuova pelle e del tuo nuovo corpo.

Davanti allo specchio.
Robottino: sto veramente bene, siamo stati molto bravi, posso chiamarti papà?
Mario si commuove e gli dice: tu per me sei come un figlio, ti voglio tanto bene, anche se sei di metallo, perché ti ho messo a nuovo.

Passa il tempo, Mario Junior prende confidenza con la casa, con Mario e con i bambini.
Aiuta a casa, aiuta i bambini per la scuola.

Musica della televisione di casa.

Una sera vanno tutti a mangiare una pizza, sono seduti che mangiano quando arrivano 3 banditi, entrano in pizzeria con le pistole in mano, spaventano i bambini e vanno tavolo per tavolo a domandare i soldi e i gioielli.
Quando arrivano al tavolo di Mario, un bandito con la pistola domanda i soldi a Mario, i bambini incominciano a piangere, Mario Junior dice al bandito: ti ordino di Lasciare tutti i soldi ai loro proprietari, tu e i tuoi amici da adesso diventerete più buoni e avete tre minuti per andarvene via di qui.
I 3 banditi ipnotizzati Lasciano tutto e vanno via.
Tutti i clienti applaudiscono e ringraziano Mario Junior, pensando che sia un bambino con forti poteri.

Tutti mangiano e, dopo mangiato, prendono la macchina e vanno un po' in centro a passeggiare.
Finita la passeggiata, tutti in macchina e a casa.

Musica da disco, attuale.

Passa un anno. Una notte tutti dormono, Mario Junior sente

dei rumori, va giù in cucina, prende per le orecchie 2 ladri che stavano per rubare e li sbatte fuori di casa. Dice loro: non dovete mai più rubare.
Questi scappano con la macchina.

Passa il tempo, i figli di Mario sono cresciuti.
I figli di Mario hanno circa 17, 18 anni.
Un giorno a scuola degli studenti nazisti prendono in ostaggio tutti gli studenti della scuola dove studiano i figli di Mario, vogliono fare una strage.

Musica rap,attuale.

Fuori ci sono la polizia e i giornalisti.
Il capo della polizia col megafono dice ai ragazzi nazisti:
Arrendetevi, siete circondati da tiratori scelti, non fate pazzie, parliamo.
Il capo della polizia: cosa volete?
I ragazzi nazisti: vogliamo pizze e birra per tutti.
Il capo della polizia: va bene, avrete pizza e birra per tutti.
Passa un'ora e incominciano ad arrivare pizza e birra.
Tre persone distribuiscono pizze e birra per tutti dentro la scuola.
Uno dei terroristi: anche fuori dalla scuola, per la gente che è in strada che guarda, offrite la pizza.
Mezzora dopo .
Tutti, anche i poliziotti, stanno mangiando un pezzo di pizza, e bevono the perché la birra non la possono bere.

Musica, attuale.

Ogni tanto si sentono delle sirene e qualcuno che parla col megafono.

La telecamera,inquadra tutto il quartiere,si vede la gente curiosa che aspetta,la polizia che con le pistole,aspettano gli ordini.
La telecamera che controlla dentro,la scuola,e si vedono,ragazzi,seduti per terra che mangiano,la pizza e bevono birra,acqua,aranciata,e si sente la musica che va a tutto volume,e dei ragazzi con i fucili che ballano.

La telecamera inquadra,la casa di Mario.

A casa di Mario.
 Mario vede quello che succede, per la televisione.
Mario, a Mario Junior: è uno scherzo o è tutto vero?
Mario: in quella scuola ci sono i miei figli, i tuoi fratelli.
Mario Junior: cosa aspettiamo? Prendiamo la macchina e andiamo là, vediamo cosa posso fare.
Mario e Mario Junior prendono la macchina e vanno nella scuola si vedono i due Mario in macchina che corrono come due pazzi per arrivare alla scuola.
Sono arrivati, c'è un sacco di gente che guarda e c'è una grande confusione.
Mario Junior va dove c'è il furgone delle pizze, prende delle pizze, entra nella scuola, dà una pizza a uno con la pistola e gli dice: quanti siete?
Questo gli risponde: siamo in 8.
Mario Junior: ti ordino di lasciare questa scuola e non ti devi più ricordare di quello che hai fatto.
Questo ragazzo, senza dire nulla, prende e va fuori dalla scuola.
Mario junior trova tutti i ragazzi nazisti e li manda via come ha fatto con il primo.
Quando tutto è finito, neppure la polizia ci crede, come non fosse successo nulla, nessuno ha visto uscire i nazisti.

Tutti per qualche minuto hanno perso il senso dell'orario
Mario junior esce dalla scuola con i suoi fratelli, e col resto
delle classi.
Polizia e giornali ringraziano Mario Junior per quello che ha
fatto.

Per mesi le televisioni americane hanno parlato del fatto.
I giornali ne parlano per un po', ma tutti sono confusi, nessuno
si ricorda nulla.

Mario Junior è un eroe perche è intervenuto nella scuola, tutti
si domandano cos'è successo.
Per una settimana tutta la città parla di questo ragazzo
coraggioso.

Musica di coda, attuale,musica rap.

FINE FILM

Matterazzo Claudio. ringrazio tutti della Youcanprint,e tutti i
lettori.

Una parte dei miei guadagni andranno alla Caritas.